BULLETIN OFFICIEL

DE

L'ILE DE LA RÉUNION.

(N° 31.)

JUIN 1862.

N° 1140. — *ARRÊTÉ qui promulgue les décrets des 25 août 1861 et 5 février 1862 relatifs aux conditions de l'admission à la francisation des navires des États-Unis d'Amérique.*

Du 21 Juin 1862.

NOUS GOUVERNEUR DE L'ILE DE LA RÉUNION,

Vu l'article 9 du sénatus-consulte du 3 mai 1854 ;

Vu la loi du 3 juillet 1861 sur le régime commercial des colonies ;

Vu les dispositions insérées dans les traités intervenus entre la France et l'Angleterre et la Belgique, les 23 janvier 1860 et 1er mai 1861 relativement à la francisation des bâtiments de mer ;

Vu la circulaire du Ministre des affaires étrangères, en date du 26 septembre 1861, et la dépêche de S. E. le Ministre de la Marine du 31 mars 1862, n° 391 ;

Sur le rapport du Directeur de l'intérieur,

AVONS ARRÊTÉ ET ARRÊTONS :

Art. 1er. Les décrets des 25 août 1861 et 5

février 1862, qui règlent jusqu'à ce qu'il en soit autrement ordonné, les conditions de l'admission à la francisation des navires des Etats-Unis d'Amérique, soit à voiles, soit à vapeur, et ceux de même espèce construits au Canada, sont promulgués à la Réunion.

2. Le Directeur de l'intérieur et le Procureur général sont chargés, chacun en ce qui le concerne, de l'exécution du présent arrêté, qui sera enregistré où besoin sera et inséré dans le *Journal officiel* et dans le *Bulletin officiel* de la Colonie.

Saint-Denis, le 21 juin 1862.

Baron DARRICAU.

Par le Gouverneur :

Le Directeur de l'Intérieur,

CH. DE LAGRANGE.

Enregistré à la Cour Impériale de la Réunion le 27 juin 1862.

Décret

NAPOLÉON, par la grâce de Dieu et la volonté nationale, Empereur des Français,

A tous présents et à venir, salut :

Sur le rapport de notre Ministre secrétaire d'État au Département de l'agriculture, du commerce et des travaux publics;

Considérant qu'il y a intérêt pour le commerce français à appliquer aux navires des États-Unis d'Amérique les dispositions insérées dans les traités intervenus entre la France et la Grande-Bretagne et la Belgique, relativement à la francisation des bâtiments de mer;

AVONS DÉCRÉTÉ ET DÉCRÉTONS ce qui suit :

Art. 1er. Jusqu'à ce qu'il en soit autrement ordonné, les bâtiments de mer à voiles ou à vapeur, construits dans les États-Unis d'Amérique ou naviguant sous le pavillon de l'Union Américaine, seront admis à la francisation aux conditions suivantes :

Bâtiments de mer.........	en bois...	25f	par tonneau de jauge français.
	en fer....	70	
Coques de bâtiments de mer	en bois...	15	
	en fer....	50	
Machines ou moteurs installés sur les dits bâtiments en bois ou en fer.............		25f	les 100 kilog.

2. Nos consuls ou agents consulaires dans les ports des Etablissements d'Amérique, sont autorisés à délivrer des lettres de francisation provisoire aux bâtiments de mer achetés par ou pour le compte des sujets français.

3. Nos Ministres secrétaires d'État aux Départements de l'agriculture, du commerce et des travaux publics, des affaires étrangères et des finances, sont chargés, chacun en ce qui le concerne, de l'exécution du présent décret.

Fait au palais de Saint-Cloud, le 25 août 1861.

NAPOLÉON.

Par l'Empereur :

Le Ministre secrétaire d'État au Département de l'agriculture, du commerce et des travaux publics,

ROUHER.

Pour copie conforme :

Le Conseiller d'État, Directeur Général des douanes et des contributions indirectes,

BARBIER.

Vu pour l'enregistrement à la Cour Impériale :

Le Gouverneur,

Baron DARRICAU.

Pour copie conforme :

Le Directeur de l'Intérieur,

CH. DE LAGRANGE.

Enregistré à la Cour Impériale de la Réunion le 27 juin 1862.

Décret

Qui admet à la francisation les bâtiments de mer construits au Canada.

(Inséré au Bulletin des Lois du 10 février 1862, n° 997.)

NAPOLÉON, par la grâce de Dieu et la volonté nationale, Empereur des Français,

A tous présents et à venir, salut :

Sur le rapport de notre Ministre secrétaire d'État au Département de l'agriculture, du commerce et des travaux publics ;

Considérant qu'il y a intérêt pour le commerce français à appliquer aux navires du Canada les dispositions insérées dans les traités intervenus entre la France et la Grande-Bretagne et la Belgique, relativement à la francisation des bâtiments de mer ;

AVONS DÉCRÉTÉ ET DÉCRÉTONS ce qui suit :

Art. 1er. Jusqu'à ce qu'il en soit autrement ordonné, les bâtiments de mer à voiles ou à vapeur, construits au Canada, seront admis à la francisation aux conditions suivantes :

Bâtiments de mer........	en bois...	25f	par tonneau de jauge français.
	en fer....	70	
Coques de bâtiments de mer	en bois...	15	
	en fer....	50	
Machines ou moteurs installés sur les dits âtiments en bois ou en fer...............		25 fr. les 100 kilog.	

2. Nos consuls ou agents consulaires dans les ports du Canada, sont autorisés à délivrer des lettres de francisation provisoire aux bâtiments de mer achetés par ou pour le compte des sujets français.

3. Nos Ministres secrétaires d'État aux Départements de l'agriculture, du commerce et des travaux publics, des affaires étrangères et des finances, sont chargés, chacun en ce qui le concerne, de l'exécution du présent décret.

Fait au palais des Tuileries, le 5 février 1862.

NAPOLÉON.

Par l'Empereur :

Le Ministre secrétaire d'État au Département de l'agriculture, du commerce et des travaux publics,

ROUHER.

Pour copie conforme :

Le Conseiller d'État, Directeur Général des douanes et des contributions indirectes,

BARBIER.

Vu pour l'enregistrement à la Cour Impériale :

Le Gouverneur,

Baron DARRICAU.

Pour copie conforme :

Le Directeur de l'Intérieur,

CH. DE LAGRANGE.

Enregistré à la Cour Impériale de la Réunion le 27 juin 1862.

N° 1141. — *ARRÊTÉ portant promulgation à la Réunion de la loi du 12 février 1862, relative à la conversion facultative de la rente 4 1/2 %, de la rente 4 % et des obligations trentenaires.*

Du 30 Juin 1862.

NOUS GOUVERNEUR DE L'ILE DE LA RÉUNION,

Vu la circulaire ministérielle du 26 mai 1862, n° 232 ;

Vu l'article 63 de l'ordonnance organique du 21 août 1825 et l'article 9 du sénatus-consulte du 3 mai 1854 réglant la constitution des colonies ;

Sur le rapport de l'Ordonnateur,

AVONS ARRÊTÉ ET ARRÊTONS ce qui suit :

Art. 1er. Sont promulgués à la Réunion :

La loi du 12 février 1862 relative à la conversion

facultative de la rente 4 1/2 %, de la rente 4 % et des obligations trentenaires;

Le décret du même jour rendu en exécution de l'article 3 de la dite loi.

2. Est publié à la Réunion l'arrêté du Ministre des finances du 12 février 1862, qui a réglé diverses dispositions d'exécution de la loi et du décret du même jour.

Les dispositions de cet arrêté seront observées dans la Colonie sous les modifications ci-après, nécessitées par l'organisation locale:

A dater du 6 juillet 1862, jusqu'au 25 inclusivement du même mois, des registres seront ouverts *à Saint-Denis*, par le Trésorier-payeur, aux heures ordinaires du trésor, pour l'enregistrement des déclarations d'échange, qui lui seront faites.

Le procès-verbal de clôture des opérations sera dressé le 25 juillet 1862, à 5 heures du soir, par l'Ordonnateur conjointement avec le Contrôleur colonial.

Les certificats à délivrer aux requérants, pour tenir lieu des titres déposés, n'auront toute leur valeur qu'après le visa de contrôle à y apposer par l'officier du Commissariat de la marine chargé du bureau des Fonds à Saint-Denis, délégué à cet effet par l'Ordonnateur.

3. L'Ordonnateur est chargé de l'exécution du présent arrêté, qui sera enregistré partout où besoin sera, et inséré en même temps que la loi, le décret et l'arrêté ministériel du 12 février 1862, dans le *Journal Officiel* et dans le *Bulletin Officiel* de la Colonie.

Fait à Saint-Denis, le 30 juin 1862.

Baron DARRICAU.

Par le Gouverneur:

L'Ordonnateur,

DESMAZES.

LOI

Relative à la conversion facultative de la rente 4 1/2 0/0, de la rente 4 0/0 et des obligations trentenaires.

NAPOLÉON,

Par la grâce de Dieu et la volonté nationale, Empereur des Français,

A tous présents et à venir, salut :

Avons sanctionné et sanctionnons, promulgué et promulguons ce qui suit :

LOI.

(Extrait du procès-verbal du Corps législatif.)

Le Corps législatif a adopté le projet de loi dont la teneur suit :

Art 1er. Le Ministre des finances est autorisé à inscrire au grand-livre de la dette publique de nouvelles rentes 3 0/0, portant jouissance du 1er avril 1862, et payables de trois mois en trois mois, à partir de la dite époque, pour les échanger contre les rentes 4 1/2 0/0, les rentes 4 0/0 et les obligations trentenaires du Trésor, dont les propriétaires demanderont la conversion aux conditions déterminées par la présente loi.

Art. 2. Les propriétaires de rentes 4 1/2 0/0 et 4 0/0 qui en formeront la demande dans le délai de *20 jours* à partir de la promulgation de la présente loi, recevront de nouveaux titres d'une somme égale en rentes 3 0/0 créées en vertu de l'article précédent, en échange de leurs rentes 4 1/2 0/0 et 4 0/0, qui seront immédiatement annulées.

Art. 3. Cet échange aura lieu moyennant l'engagement souscrit par le rentier de verser au Trésor public une somme proportionnelle au montant des rentes à convertir.

Un décret impérial déterminera le versement à faire pour chaque quotité de 4 fr. 50 c. ou de 4 fr. de rente, les termes et les conditions du payement, ainsi que de l'échange des titres.

Art. 4. Les arrérages échéant le 22 mars 1862 des rentes 4 1/2 0/0 et 4 0/0, qui seront déposées pour être converties, seront payés aux ayants-droit sur la présentation du récépissé du dépôt de leur titre.

Art. 5. Les obligations trentenaires du Trésor, autorisées par des lois antérieures, pourront être échangées contre les nouvelles rentes 3 0/0, à raison de 20 fr. de rente pour chaque obligation. Les déclarations relatives à ces échanges devront être faites dans le délai de *20 jours*, fixé par l'article 2.

Art. 6. La dotation de l'amortissement des rentes 3 0/0, nouvellement créées, sera fixée au centième du capital nominal des dites rentes, conformément à la loi du 10 juin 1833. La dotation de l'amortissement des rentes 4 1/2 0/0 et 4 0/0 sera réduite de la portion afférente aux rentes annulées.

Art. 7. Le délai d'option sera porté à deux mois pour les propriétaires de rentes ou d'obligations qui se trouveraient hors de France, mais en Europe ou en Algérie, et à un an pour ceux qui se trouveraient hors d'Europe et d'Algérie.

Art. 8. En ce qui concerne les propriétaires qui n'ont pas la libre et complète disposition de leurs biens, l'acceptation de la conversion sera assimilée à un acte de simple administration, et sera dispensée d'autorisation spéciale et de toute autre formalité judiciaire.

Art. 9. Pour les rentes grevées d'usufruit, l'engagement peut être souscrit par le nu-propriétaire ou l'usufruitier. Toutefois, il n'est pas porté atteinte aux stipulations particulières qui règlent les droits du nu-propriétaire et de l'usufruitier.

Art. 10. Tous les titres et expéditions à produire, en tant qu'ils serviraient uniquement aux opérations nécessitées par la présente loi, seront visés pour timbre et enregistrés gratis, pourvu que cette destination soit exprimée.

Art. 11. Le produit des versements effectués en exécution de l'article 3 sera porté en atténuation des découverts du Trésor.

Délibéré en séance publique, à Paris, le 8 février 1862.

Le président,
Comte DE MORNY.

Les secrétaires,
VERNIER, DE SAINT-GERMAIN, baron JÉROME DAVID.

(Extrait du procès-verbal du Sénat.)

Le Sénat ne s'oppose pas à la promulgation de la loi relative à la conversion facultative de la rente 4 1/2 0/0, de la rente 4 0/0 et des obligations trentenaires.

Délibéré et voté en séance, au palais du Sénat, le 11 février 1862.

Le président,
TROPLONG.

Les secrétaires,
Marquis DE CRAMAYEL, O. DE BARRAL, baron T. DE LACROSSE.

Vu et scellé du sceau du Sénat :

Le sénateur secrétaire,
Baron T. DE LACROSSE.

Mandons et ordonnons que les présentes, revêtues du sceau de l'Etat et insérées au *Bulletin des lois*, soient adressées aux cours, aux tribunaux et aux autorités administratives, pour qu'ils les inscrivent sur leurs registres, les observent et les fassent observer, et notre Ministre secrétaire d'État au Département de la justice est chargé d'en surveiller la publication.

Fait au palais des Tuileries, le 12 février 1862.

NAPOLÉON.

Vu et scellé du grand sceau :

Le garde des sceaux, ministre de la justice,

DELANGLE.

Par l'Empereur :

Le ministre d'État,

A. WALEWSKI.

RAPPORT A L'EMPEREUR.

SIRE,

Le Corps législatif et le Sénat ont adopté la loi qui propose la conversion facultative en rente 3 0/0 de la rente 4 1/2 0/0, de la rente 4 0/0 et des obligations trentenaires.

Conformément à l'article 3 de cette loi, je viens proposer à Votre Majesté de fixer la soulte qui sera demandée aux porteurs de rentes 4 1/2 et 4 0/0 pour cet échange.

Ainsi que Votre Majesté l'a dit, le but de votre Gouvernement est : « en conciliant équitablement « l'intérêt du Trésor et celui de ses créanciers, « de préparer l'unification de la dette. » Les grands corps de l'Etat se sont associés à cette pensée de l'Empereur par un vote presque unanime, et s'en sont remis à Votre Majesté du soin de régler les conditions de la transaction proposée par la loi.

Ce n'est pas la première fois qu'a dû être déterminée la valeur relative des fonds 4 1/2 et 3 0/0, dont le premier est comprimé dans son essor par la possibilité du remboursement au pair, tandis que le second a une faculté d'ascension beaucoup plus considérable. Lors des emprunts de 1854 et de 1855, le 4 1/2 et le 3 0/0 ont été offerts simultanément à des conditions différentes, posées par le Gouvernement et ratifiées par la souscription du public.

En 1854 (emprunt de 250 millions du 11 mars), la différence entre le 4 1/2 et le 3 0/0 a été de 4 fr. 25 c.

En 1855 (emprunt de 500 millions du 31 décembre 1854), elle a été de 7 fr. 0 c. 1/10.

En 1855 (emprunt de 750 millions du 11 juillet), elle a été de 6 fr. 75 c.

La moyenne de 6 fr., qui ressort de ces différences, peut être considérée, abstraction faite de toute circonstance particulière, comme l'expression de la plus-value reconnue du 3 0/0 sur le 4 1/2, puisqu'elle a eu la consécration de trois mémorables souscriptions publiques.

Il paraitrait donc juste de prendre le chiffre de 6 francs, par 4 fr. 50 c. de rente, comme taux de la soulte à fournir par les porteurs de 4 1/2 qui voudraient se constituer en 3 0/0 une rente égale à celle qu'ils possèdent. C'est d'ailleurs le chiffre qui a servi de base aux raisonnements de l'honorable rapporteur du projet de loi au Corps législatif, et l'on peut penser qu'il n'a pas été choisi arbitrairement par les hommes éclairés qui composaient la commission et par l'habile financier qui était leur interprète. C'est aussi ce chiffre de 6 francs que j'aurais probablement proposé à l'Empereur, si je n'avais eu à m'occuper que des bases d'une négociation de rentes analogues à celles des emprunts de 1854 et 1855.

Mais, dans l'opération dont il s'agit aujourd'hui, votre Gouvernement n'a pas spécialement en vue d'augmenter les ressources de l'État. L'unification de la dette est le but principal qu'il s'efforce d'atteindre. Ce but, bien digne de la sollicitude de Votre Majesté, se concilie heureusement avec l'intérêt des rentiers, dont Votre Majesté s'est montrée préoccupée, puisque l'un des moyens de l'atteindre est de leur faire des conditions meilleures que celles qu'ils ont acceptées avec tant d'empressement dans le passé.

Je propose, en conséquence, à l'Empereur, de fixer à 5 fr. 40 c. la soulte à compter au Trésor pour échanger 4 fr. 50 c. de rente 4 1/2 contre 4 fr. 50 c. de rente 3 0/0, et à 1 fr. 20 c. par 4 fr. de rente la soulte du 4 0/0.

Cette soulte serait payable en six termes imputables seulement sur les arrérages de la rente nouvelle, de telle sorte que le porteur de 4 1/2 toucherait intégralement le semestre du 22 mars, et que les termes de payement de la soulte ne commenceraient que le 1er juillet prochain. A l'expiration de ces termes, c'est-à-dire au 1er octobre 1863, le rentier se trouverait avoir achevé sa conversion. Il aurait alors en sa possession un titre de rente 3 0/0 lui rapportant une rente égale à celle qu'il avait en 4 1/2 et représentant un capital beaucoup plus élevé.

Je ne reviendrai pas sur les avantages de cette combinaison, qui ont été éloquemment développés dans la discussion de la loi; mais ces avantages sont tels que beaucoup d'établissements publics, titulaires de rentes 4 1/2, ont déjà demandé au Gouvernement le moyen de se les assurer. D'après les ordres de Votre Majesté, un projet de loi est préparé pour leur faciliter les prêts sur le dépôt de rentes. Ces prêts seront remboursés en annuités à longs termes.

Ce que feront de grandes sociétés de crédit pour les établissements publics, les receveurs généraux seront autorisés à le faire pour les particuliers. En un mot, rien ne sera négligé pour que les porteurs de rentes puissent profiter personnellement des avantages que leur offre le Gouvernement et ne soient pas obligés, par la difficulté d'acquitter la soulte, de renoncer au bénéfice qui leur appartient. En même temps que l'Administration facilitera ainsi par des avances et par des termes l'acquittement de la soulte pour les porteurs peu aisés, elle fera une bonification d'intérêts à ceux qui voudraient se libérer de suite ou escompter une partie de la somme qu'ils devront au Trésor.

Si Votre Majesté daigne agréer l'ensemble de ces mesures, je la prie de vouloir bien revêtir ce rapport de son approbation.

Je suis, avec respect,

Sire,

De Votre Majesté

Le très-humble et très-dévoué sujet,

ACHILLE FOULD.

Approuvé :

NAPOLÉON.

Paris, le 12 février 1862.

NAPOLÉON,

Par la grâce de Dieu et la volonté nationale Empereur des Français,

A tous présents et à venir, salut :

Vu la loi du 12 février 1862 ;

Sur le rapport de notre Ministre des finances,

AVONS DÉCRÉTÉ ET DÉCRÉTONS ce qui suit :

Art. 1er. Les propriétaires de rentes 4 1/2 et 4 0/0 et les porteurs d'obligations trentenaires du Trésor qui voudront échanger leurs titres contre les rentes 3 0/0, aux conditions exprimées par la loi du 12 février courant, auront à faire des déclarations conformes au modèle ci-annexé sous les nos 1 et 2.

Ces déclarations, appuyées des titres à convertir, seront reçues du 15 de ce mois au 6 mars prochain, savoir :

A Paris, par le directeur des caisses centrales du Trésor, au ministère des finances ;

Dans les départements, par le receveur général et par les receveurs d'arrondissement.

Art. 2. La soulte à verser au Trésor, pour l'échange des rentes 4 1/2 et 4 0/0 contre des rentes 3 0/0 de création nouvelle, est fixée, savoir:

A la somme de 5 fr. 40 c. pour 4 fr. 50 c. de rente 4 1/2 0/0;

A la somme de 1 fr. 20 c. pour 4 fr. de rente 4 0/0.

La libération en aura lieu en six termes. Il sera payé, savoir :

	Pour les rentes 4 1/2 0/0	Pour les rentes 4 0/0
	fr. c.	fr. c.
Au 1er juillet 1862....	0,90	0,20
Au 1er octobre 1862...	0,90	0,20
Au 1er janvier 1863...	0,90	0,20
Au 1er avril 1863.....	0,90	0,20
Au 1er juillet 1863....	0,90	0,20
Au 1er octobre 1863...	0,90	0,20
Total.........	5,40	1,20

Les requérants auront la faculté de se libérer d'un ou de plusieurs termes, par anticipation. Il leur sera, dans ce cas, bonifié un intérêt calculé au taux de 4 0/0 par an.

Art. 3. Il sera délivré aux déclarants un récépissé, visé au contrôle, pour leur tenir lieu des titres déposés.

Art. 4. Le semestre des rentes nominatives échéant au 22 mars 1862 sera payé sur la présentation du récépissé de dépôt.

Pour les rentes au porteur, le coupon du même semestre sera détaché de l'inscription préalablement au dépôt.

Art. 5. Les rentes 3 0/0 résultant de la conversion seront inscrites avec jouissance du 1er avril 1862. Les ayants-droit seront mis en possession de leur inscription nouvelle après le paiement intégral de la soulte.

Jusque-là, le récépissé de dépôt leur vaudra titre pour le recouvremennt des trimestres et pour la négociation de la rente.

Art. 6. Les obligations du Trésor ne seront admises à la conversion qu'autant qu'elles auront été entièrement libérées.

Art. 7. La prolongation de délai accordée par l'article 7 de la loi n'est pas applicable aux rentes au porteur.

Art. 8. Notre Ministre des finances est chargé de l'exécution du présent décret.

Fait au palais des Tuileries, le 12 février 1862.

NAPOLÉON.

Par l'Empereur :

Le Ministre des finances,

ACHILLE FOULD.

Le Ministre des finances,

Vu le décret impérial en date de ce jour,

Arrête ce qui suit:

Art. 1er. A partir du 15 de ce mois, et jusqu'au 6 mars inclusivement, des registres seront ouverts, savoir:

A Paris, par le directeur comptable des caisses centrales du Trésor, au ministère des finances;

Dans les départements, par le receveur général et par les receveurs d'arrondissement,

Pour l'enregistrement des déclarations ayant pour objet l'échange d'inscriptions 4 1/2 et 4 0/0 et d'obligations trentenaires contre les rentes 3 0/0, aux conditions déterminées par la loi du 12 février 1862.

Les bureaux chargés de recevoir et d'enregistrer ces déclarations resteront ouverts de neuf heures du matin à quatre heures du soir; le dernier jour, 6 mars, les registres seront clos et arrêtés à six heures du soir. Le procès-verbal de clôture sera dressé, conjointement avec le comptable, par le directeur de la dette inscrite et le contrôleur central, à Paris ; par le préfet ou le sous-préfet, dans les départements.

Art. 2. Les déclarations pour l'échange de rentes porteront engagement de payer la soulte due au Trésor ; elles seront faites par le propriétaire ou, en son nom, par le porteur de l'inscription.

Art. 3. Les titres déposés à l'appui des déclarations seront immédiatement frappés d'un timbre portant les mots : *Converti en 3 °/₀*.

Art. 4. Il sera délivré au requérant un certificat qui lui tiendra lieu des titres déposés, et sur lequel seront constatés les versements faits, à valoir sur la soulte d'échange.

Ce certificat sera soumis au visa du contrôle prescrit par la loi du 24 avril 1833.

Art. 5. Le directeur de la dette inscrite est autorisé à ouvrir, dès à présent, le livre des nouvelles rentes 3 0/0 pour y inscrire les ayants-droit.

Les inscriptions provenant de la conversion seront expédiées avec jouissance du 1er avril 1862. Les transferts et les mutations qui pourront survenir s'effectueront avec jouisance du trimestre courant.

Art. 6. Le transfert du certificat de dépôt ne sera opéré qu'après vérification faite de sa conformité avec l'inscription au grand-livre de la dette publique.

Ce 12 février 1862.

Achille Fould.

ADMINISTRATION FINANCIÈRE.

Avis aux propriétaires de rentes 4 1/2 et 4 p. 0/0.

Son Excellence le Ministre de la Marine et des colonies, en prescrivant la publication à la Réunion de la loi du 12 février 1862, du décret et de l'arrêté ministériel du même jour, relatifs à la conversion facultative des rentes 4 1/2 et 4 p. 0/0 en nouveaux titres de rentes 3 p. 0/0, a, par des recommandations pressantes et pleines de sollicitude, appelé l'attention du Gouvernement local sur la nécessité de ne négliger aucun moyen d'éclairer les propriétaires de ces valeurs, résidant dans la colonie, comme l'ont été ceux de France, sur la véritable situation qui leur est faite et sur la marche qu'ils ont à suivre pour bénéficier des dispositions de la loi.

Indépendamment de la promulgation des trois actes dont il s'agit, l'Administration locale ne saurait donc trop engager les intéressés à bien se pénétrer avant tout du but et des motifs de la loi, exprimés dans les savantes discussions et dans les rapports auxquels a donné lieu son élaboration devant le Corps Législatif et le Sénat, rapports et discussions qui se trouvent *in extenso* dans les numéros du *Moniteur Universel* des 6, 8, 9 et 12 février 1862.

Ce qu'il importe surtout de bien saisir et de ne pas perdre de vue, c'est que les possesseurs de titres 4 1/2 et 4 p. 0/0 sont sous le coup d'un remboursement au pair devant entraîner pour eux une diminution notable de revenus, ce qu'ils préviendront en profitant, comme l'a fait le plus grand nombre en France, de la combinaison, de la transaction qui leur est offerte. Il leur est, en effet, facultatif, au moyen d'un sacrifice que les facilités données pour le paiement rendent plus léger, de s'assurer, avec le maintien de leur revenu actuel, une garantie contre les suites d'une conversion ultérieure, et de se procurer, de plus, la chance d'un accroissement de capital, conséquence de l'élévation du cours que l'unification de la dette doit amener.

Il paraît d'ailleurs inutile d'insister pour faire bien comprendre que le Gouvernement, par l'offre d'échange des titres 4 1/2 et 4 p. 0/0, a cherché à concilier les intérêts du Trésor public avec ceux des rentiers, au lieu d'user du droit qu'il a incontestablement de réduire la charge de sa dette par un remboursement au pair.

Il reste à appeler l'attention des rentiers sur le délai de vingt jours qui leur est accordé pour former leurs demandes de conversion et obtenir dans la colonie même l'échange de leurs titres. Il ne faut voir là autre chose qu'une facilité pour les rentiers des colonies, non écrite dans la loi, mais due à la sollicitude particulière du Département de la Marine et des colonies. C'est l'analogue de ce qui a eu lieu en France en exécution de l'article 2 de la loi du 12 février 1862, en laissant, bien entendu, aux rentiers des colonies l'entière disposition du terme d'une année fixé par l'article 7 de la loi, à la condition que, le délai de vingt jours expiré sans qu'il en ait été usé, les demandes ne pourront plus être adressées que directement à M. le Ministre des finances, et de manière à parvenir à Paris avant le 12 février 1863.

Tels sont les points sur lesquels l'Administration a cru devoir donner des explications aux intéressés. Si cet avis était incomplet, laissait du doute à quelques-uns, les bureaux de l'Ordonnateur et du Trésorier-payeur leur seraient ouverts pour tous les renseignements qu'ils auraient à prendre pour s'édifier complètement.

N° 1142. — *ARRÊTÉ de promulgation du décret du 15 mars 1862 qui nomme M. Barquisseau juge de paix du canton de Saint-Joseph.*

Du 2 Juin 1862.

NOUS GOUVERNEUR DE L'ILE DE LA RÉUNION,

Vu l'article 9, § 2, du sénatus-consulte du 3 mai 1854 ;

Vu l'article 63 de l'ordonnance organique du 21 août 1825 ;

Vu la dépêche ministérielle du 5 avril dernier, n° 138,

Sur le rapport du Procureur général,

AVONS ARRÊTÉ ET ARRÊTONS ce qui suit :

Art. 1er. Est promulgué dans la Colonie le décret Impérial du 15 mars dernier qui nomme M. Barquisseau, juge de paix du canton de Saint-Joseph, en remplacement de M. Fromentin, décédé.

2. Le Procureur général est chargé de l'exécution du présent arrêté, qui sera publié et enregistré partout où besoin sera.

Fait à Saint-Denis, le 2 juin 1862.

Baron DARRICAU.

Par le Gouverneur :

Le Procureur Général,

J. BERET.

Enregistré à la Cour impériale le 6 juin 1862.

Décret.

NAPOLÉON, par la grâce de Dieu et la volonté nationale, Empereur des Français,

A tous présents et à venir, salut :

Sur le rapport de notre Ministre Secrétaire d'Etat au département de la Marine et des colonies ;

Vu l'article 107 de l'ordonnance organique du 30 septembre 1827,

AVONS DÉCRÉTÉ ET DÉCRÉTONS ce qui suit :

Art. 1er. M. Barquisseau, juge suppléant de la Justice de Paix de Saint-Joseph (Réunion), est nommé juge de paix au même siége, en remplacement de M. Fromentin, décédé.

Art. 2. Notre Ministre Secrétaire d'État au département de la Marine et des colonies est chargé de l'exécution du présent décret qui sera inséré au *Bulletin des lois*.

Fait à Paris, le 15 mars 1862.

NAPOLÉON.

Par l'Empereur :

Le Ministre Secrétaire d'État au Département de la Marine et des colonies,
Comte P. de Chasseloup-Laubat.

Pour ampliation :

Le Chef du Cabinet,
Jules Delarbre.

Vu pour l'enregistrement à la Cour impériale :

Le Gouverneur,
Baron DARRICAU.

Par le Gouverneur :

Le Procureur Général,
Justin Berlt.

Enregistré à la Cour impériale le 6 juin 1862.

N° 1143. — *ARRÊTÉ promulguant le décret qui crée un 7e emploi de conseiller à la Cour Impériale de la Réunion.*

Du 2 Juin 1862.

Nous Gouverneur de l'île de la Réunion,

Vu l'article 9, § 2 du sénatus-consulte du 3 mai 1854 ;

Vu l'article 63 de l'ordonnance organique du 21 août 1825 ;

Vu la dépêche ministérielle du 23 avril dernier, n° 164 ;

Sur le rapport du Procureur Général,

Avons arrêté et arrêtons ce qui suit :

Art. 1er. Est promulgué dans la Colonie le décret Impérial du 12 avril dernier qui porte à sept le nombre des conseillers près la Cour Impériale de l'Ile de la Réunion fixé à six par le décret du 16 août 1854.

2. Le Procureur Général est chargé de l'exé-

cution du présent arrêté, qui sera lu, publié et enregistré partout où besoin sera.

Fait à Saint-Denis, le 2 juin 1862.

Baron DARRICAU.

Par le Gouverneur :

Le Procureur Général,

JUSTIN BERET.

Enregistré à la Cour Impériale le 6 juin 1862.

Décret

NAPOLÉON,

Par la grâce de Dieu et la volonté nationale, Empereur des Français,

A tous présents et à venir, salut :

Sur le rapport de notre Ministre Secrétaire d'Etat de la Marine et des colonies ;

Vu le sénatus-consulte du 3 mai 1854, qui règle la constitution des colonies de la Guadeloupe, de la Martinique et de la Réunion ;

Vu l'ordonnance du 30 septembre 1827, concernant l'organisation judiciaire de la Colonie de la Réunion ;

Vu l'arrêté du 27 octobre 1848, qui fixe les traitements de la magistrature coloniale ;

Vu l'arrêté du 28 mars 1849, qui règle, pour la fixation des pensions de retraite des magistrats coloniaux, la parité d'office entre les magistrats coloniaux et les magistrats de la métropole ;

Vu le décret du 16 août 1854, concernant l'organisation judiciaire de la Martinique, de la Guadeloupe et de la Réunion ;

Vu le décret du 24 novembre 1860, disposant que le service des colonies est rattaché au Ministère de la Marine ;

Vu la loi des Finances du 28 juin 1861 ;

Vu l'avis de notre Garde des sceaux, en date du 13 février 1862 ;

Notre Conseil d'État entendu,

Avons décrété et décrétons ce qui suit :

Article 1er. Le nombre des conseillers, près la Cour Impériale de la Réunion, fixé à six par le décret sus-visé du 16 août 1854, est porté à sept.

Art. 2. Notre Ministre Secrétaire d'État de la Marine et des colonies et notre Garde des sceaux Ministre Secrétaire d'État de la Justice, sont chargés, chacun en ce qui le concerne, de l'exécution du présent décret, qui sera inséré au *Bulletin des lois*.

Fait à Paris, le 12 avril 1862.

NAPOLÉON

Par l'Empereur :

Le Ministre Secrétaire d'Etat de la Marine et des colonies,

Comte P. de Chasseloup-Laubat.

Le Garde des sceaux, Ministre Secrétaire d'Etat de la Justice,

Delangle.

Pour ampliation :

Le Chef du Cabinet du Ministre,

Jules Delarbre.

Vu pour l'Enregistrement à la Cour Impériale:

Le Gouverneur,

Baron DARRICAU.

Par le Gouverneur :

Le Procureur Général,

Justin Beret.

Enregistré à la Cour Impériale le 6 juin 1862.

N° 1144. — *ARRÊTÉ qui promulgue le sénatus-consulte concernant les mariages à l'Ile de la Réunion.*

Du 2 Juin 1862.

NOUS GOUVERNEUR DE L'ILE DE LA RÉUNION,

Vu l'article 9, § 2 du sénatus-consulte du 3 mai 1854;

Vu l'article 63 de l'ordonnance organique du 21 août 1825;

Vu la dépêche ministérielle du 25 avril dernier, n° 174;

Sur le rapport du Procureur Général,

AVONS ARRÊTÉ ET ARRÊTONS ce qui suit :

Art. 1er. Le sénatus-consulte du 22 avril dernier, concernant les mariages à l'Ile de la Réunion, est promulgué dans la Colonie.

2. Le Procureur Général est chargé de l'exécution du présent arrêté, qui sera lu, publié et enregistré partout où besoin sera.

Fait à Saint-Denis, le 2 juin 1862.

Baron DARRICAU.

Par le Gouverneur :

Le Procureur Général,
JUSTIN BERET.

Enregistré à la Cour Impériale le 6 juin 1862.

Sénatus-Consulte

NAPOLÉON,

Par la grâce de Dieu et la volonté nationale, Empereur des Français,

A tous présents et à venir, salut :

AVONS SANCTIONNÉ ET SANCTIONNONS, PROMULGUÉ ET PROMULGUONS ce qui suit :

(Extrait du procès-verbal du Sénat.)

SÉNATUS-CONSULTE

Concernant les mariages à l'île de la Réunion.

Art. 1er. Les dispositions du Code Napoléon relatives au consentement des ascendants et aux actes respectueux pour le mariage sont applicables à toutes les personnes qui voudront, à l'avenir, contracter mariage à l'île de la Réunion.

Art. 2. Sont abrogés les articles 14, 23, la deuxième disposition du paragraphe 1er de l'article 28, les articles 30 et 32, et toutes autres dispositions contraires de l'arrêté supplémentaire du capitaine-général des Établissements français à l'est du cap de Bonne-Espérance, en date du 1er brumaire an XIV.

Délibéré et voté en séance, au palais du Sénat, le 9 avril 1862.

Le Président,
Signé TROPLONG.

Les Secrétaires,
Signé : O. DE BARRAL, baron DE HEECKEREN,
Baron T. DE LACROSSE.

Vu et scellé du sceau du Sénat :

Le Sénateur secrétaire,
Signé Baron T. DE LACROSSE.

Mandons et ordonnons que les présentes, revêtues du sceau de l'Etat et insérées au *Bulletin des lois,* soient adressées aux cours, aux tribunaux et aux autorités administratives, pour qu'ils les inscrivent sur leurs registres, les observent et les fassent observer, et notre Ministre de la Justice est chargé d'en surveiller la publication.

Fait au palais des Tuileries, le 22 avril 1862.

NAPOLÉON.

Par l'Empereur :

Le Ministre d'Etat,
A. WALEWSKI.

Vu et scellé du grand sceau :

Le Garde des sceaux, Ministre de la Justice,
DELANGLE.

Pour copie conforme :

Le Conseiller d'Etat, Directeur des colonies,
Baron DE ROUJOUX.

Vu pour l'enregistrement à la Cour Impériale :

Le Gouverneur,
Baron DARRICAU.

Par le Gouverneur :

Le Procureur Général,
JUSTIN BERET.

Enregistré à la Cour impériale le 6 juin 1862.

N° 1145. — Par dépêche du 5 avril 1862, les engagements volontaires dans les compagnies indigènes d'ouvriers du Génie sont autorisés à partir de l'âge de 16 ans.

N° 1145 bis. — *CIRCULAIRE ministérielle du 28 avril 1862, n° 9. — Direction du Personnel : 4e bureau, 2e section. — Au sujet de l'achat par les administrations coloniales des objets dont la demande aurait été repoussée.*

Monsieur le Gouverneur,

L'examen des comptes annuels des services militaires dans l'une de nos colonies a donné lieu de constater que des objets, et notamment des ouvrages, dont j'avais repoussé la demande, parce que leur envoi ne me paraissait pas nécessaire, ont été ensuite achetés par les administrations locales sur les fonds affectés aux travaux.

Ces faits sont très regrettables et s'ils se reproduisaient à l'avenir, des mesures seraient prises pour connaître les fonctionnaires à qui ils devraient être imputés et je n'hésiterais pas à donner des ordres pour leur faire rembourser le montant de la dépense que les achats de cette nature auraient fait supporter au Trésor.

J'ai l'honneur de vous prier de vouloir bien faire donner à MM. les Chefs des services de l'Artillerie et du Génie communication de cette circulaire, laquelle devra être enregistrée au Contrôle colonial.

Recevez, etc.

Le Ministre Secrétaire d'État de la Marine et des colonies,

Comte P. DE CHASSELOUP-LAUBAT.

N° 1146. — *CIRCULAIRE ministérielle portant interprétation du décret du 4 février* 1849, *sur la solde des magistrats intérimaires.*

Paris, le 5 Mai 1862.

Monsieur le Gouverneur,

J'ai été amené récemment à examiner si, jusqu'à présent, on avait bien interprété, notamment en ce qui touche les juges de paix et greffiers, le texte du décret présidentiel du 4 février 1849, qui règle la solde à allouer aux magistrats intérimaires, et dont l'article 3 est ainsi conçu :

« Le magistrat appelé à remplir un intérim « autre que celui de procureur général, ne re« cevra que le traitement attribué à l'emploi « dont il est titulaire.

« Lorsque l'intérim sera rempli par une per« sonne prise en dehors de la magistrature, le « magistrat intérimaire recevra, à titre d'ap« pointements annuels, une somme égale à la

« moitié du traitement colonial attribué à l'em-
« ploi. »

D'après les errements suivis jusqu'ici, les émoluments éventuels n'étant pas considérés comme faisant partie du traitement, les juges de paix, par exemple, chargés d'un intérim, n'avaient droit qu'à leur traitement fixe de juge de paix; il ne pouvait leur être tenu compte de leurs émoluments variables, que par la voie d'indemnités gracieuses, lesquelles veulent être sollicitées et peuvent être refusées.

Or, qu'a entendu le rédacteur du décret de 1849?

D'une part, attribuer au magistrat intérimaire pris en dehors de la magistrature, une rémunération en rapport avec les services qu'il est appelé à rendre; d'autre part, maintenir le magistrat chargé d'un intérim, dans sa situation antérieure, en ce qui touche les rémunérations attachées à sa charge. Par le mot traitement il faut ici comprendre l'ensemble des rémunérations résultant des fonctions. D'ailleurs les émoluments d'un juge de paix ou d'un greffier forment une partie d'un traitement dont le complément est payé par l'État, à un taux, qui, dans le principe, a été fixé en raison même du chiffre du casuel de la charge.

Cette interprétation logique et équitable me paraît d'autant plus pouvoir être admise, que déjà, et par suite d'une lacune qui existe dans le décret de 1849, lequel ne prévoit pas le cas où le magistrat intérimaire serait pris parmi les fonctionnaires en jouissance d'un traitement mais n'appartenant pas à la magistrature, on a payé aux intérimaires, dans ces conditions, leurs solde et accessoires de solde.

En conséquence, j'ai décidé, sous la date du 10 avril courant, que, pour l'avenir, le traitement à allouer aux juges de paix et greffiers, chargés d'un intérim, comprendra le traitement fixe des fonctions dont ils sont titulaires, et le casuel de leur charge, dont le chiffre sera déterminé par vous, au moyen des éléments d'appréciation que l'intéressé vous soumettra par la voie hiérarchique.

Vous me rendrez compte, spécialement, de chaque application que vous aurez à faire des dispositions qui précèdent.

Recevez, etc.

Le Ministre de la Marine et des colonies,
Comte P. DE CHASSELOUP-LAUBAT.

N° 1147. — *DÉPÊCHE ministérielle portant communication relative aux marchandises étrangères non tarifées.*

Paris, le 6 Mai 1862.

Monsieur le Gouverneur,

Je vous transmets, ci-joint, en copie, une dépêche que j'adresse au Gouverneur de la Martinique au sujet du régime des admissions exceptionnelles des marchandises étrangères non tarifées.

Je vous invite à considérer les dispositions de la sus-dite dépêche comme étant communes à la colonie que vous administrez.

Recevez, Monsieur le Gouverneur, l'assurance de ma considération très-distinguée.

Le Ministre Secrétaire d'État de la Marine et des colonies,
Comte P. DE CHASSELOUP-LAUBAT.

N° 1148. — *DÉPÊCHE ministérielle relative au régime des admissions exceptionnelles des marchandises non tarifées.*

Paris, le 6 Mai 1862.

Monsieur le Gouverneur,

Vous avez porté à ma connaissance, à la date du 15 janvier dernier, l'autorisation par vous donnée au Directeur de la Douane de statuer sur les demandes en admissions exceptionnelles de certaines marchandises étrangères, sauf à rendre compte mensuellement des solutions intervenues, indépendamment des mentions à en faire aux rapports trimestriels.

C'est avec raison que vous considérez les cas d'admissions exceptionnelles comme devant être à peu près nuls, aujourd'hui qu'en vertu de la loi du 3 juillet 1861 le tarif colonial et le tarif de France sont également applicables aux Antilles et à la Réunion. Si une marchandise importée dans la Colonie ne figure pas au 1er de ces tarifs, elle rentre, en effet, de plein droit, sous l'application du second. Or, dans ces conditions, il n'y aura évidemment qu'un très petit nombre d'articles prohibés à la consommation locale. Il peut se faire cependant que quelques denrées ne soient dénommées ni dans l'un ni dans l'autre tarif, soit par suite d'omission, soit parce qu'il s'agirait d'un nouveau produit. Dans ce cas, il doit être procédé de même qu'en France, c'est-à-dire par assimilation avec l'article tarifé présentant le plus d'analogie avec l'article importé. Le Directeur des douanes est naturellement apte à régler d'office une pareille matière. J'approuve donc que vous lui en laissiez le soin, et qu'il soit tenu de rendre compte, chaque mois, de ses décisions à l'Administration locale. Toutefois, l'assimilation n'est valable, dans la Métropole, que pour le cas particulier auquel elle s'applique et ne peut faire règle que lorsqu'elle a été sanctionnée par l'administration des Douanes. Il me paraît utile de ne pas s'écarter des éléments dont il s'agit, et de faire en sorte qu'aux colonies les assimilations soient, autant que possible, conformes à celles qui sont adoptées dans la Métropole.

En conséquence, je vous invite à me transmettre mensuellement un état indicatif et motivé des assimilations qui auront pu être prononcées par le Directeur des douanes, en accompagnant, s'il y a lieu, le dit état des échantillons des objets assimilés. Je me réserve de communiquer ce document au Département des Finances, et nous formulerons de concert les décisions qui seront successivement portées à votre connaissance.

Recevez, Monsieur le Gouverneur, l'assurance de ma considération très-distinguée.

Le Ministre de la Marine et des colonies,

Pour le Ministre et par autorisation :

Le Directeur des colonies,

A. Zœpffel.

N° 1149. — *CIRCULAIRE ministérielle accordant aux employés des trésoriers la faculté d'être traités dans les hôpitaux militaires aux mêmes conditions que les agents et fonctionnaires de l'État.*

Paris, le 12 Mai 1862.

Monsieur le Gouverneur,

Mon attention a été appelée sur la question de savoir si les employés des trésoriers aux colonies pouvaient être admis et traités dans les hôpitaux militaires, aux mêmes conditions que les employés de l'État.

Les employés dont il s'agit sont payés par les

trésoriers eux-mêmes, sur les frais de service alloués en partie pour cet objet par le budget colonial; et à ce titre, ils ne peuvent être considérés, d'une manière absolue, comme agents ou fonctionnaires du Gouvernement; mais, comme ils concourent avec les trésoriers à la description des faits de comptabilité et à la sauvegarde des deniers publics, il m'a paru équitable de les appeler à jouir des bénéfices accordés aux trésoriers eux-mêmes. D'ailleurs, l'exiguité du traitement que reçoivent quelques-uns d'entr'eux, les frais toujours plus considérables qu'entraîne le traitement à domicile; enfin, l'absence de médecins civils dans quelques-unes de nos colonies, m'ont fait envisager cette question au point de vue de l'humanité, et m'ont engagé à la résoudre dans le sens le plus bienveillant.

J'ai donc décidé qu'à l'avenir les employés des trésoriers seront, sur la demande de leur chef, admis et traités dans les hôpitaux militaires, sous la condition d'une retenue analogue à celles qui sont déterminées par les règlements pour le personnel ordinaire.

Pour l'exécution de cette mesure, les trésoriers devront faire connaître à l'Administration le traitement dégagé de toute autre allocation qu'ils paient à chacun de leurs employés, et c'est d'après le taux reconnu de ce traitement que sera déterminée l'assimilation avec les agents de l'État, en ce qui concerne l'admission à l'hôpital et la somme à verser au Trésor, comme équivalent de la retenue qu'aurait subie un fonctionnaire dans un cas identique. Le remboursement de la dépense sera effectué par les trésoriers, sauf à eux à prendre envers leurs commis telles mesures qui leur paraîtront convenables pour se couvrir de ces avances.

Vous m'accuserez réception de la présente

circulaire qui sera enregistrée au Contrôle.

Recevez, Monsieur le Gouverneur, l'assurance de ma considération très distinguée.

Le Ministre Secrétaire d'État au département de la Marine et des colonies,
Comte P. DE CHASSELOUP-LAUBAT.

N° 1150. — *DÉPÊCHE ministérielle concernant l'admission à la retraite de M. de Leiris, juge d'instruction.*

Paris, le 12 Mai 1862.

Monsieur le Gouverneur,

J'ai l'honneur de vous informer que par décret en date du 30 avril dernier, M. de Leiris (Jacques-Sully), juge d'instruction à Saint-Denis, a été admis à faire valoir ses droits à la retraite pour infirmités contractées dans l'exercice de ses fonctions.

Il sera ultérieurement pourvu au remplacement de ce magistrat.

Recevez, etc.

Le Ministre de la Marine et des colonies,
Comte P. DE CHASSELOUP-LAUBAT.

N° 1151. — *DÉPÊCHE ministérielle du 17 mai 1862. — Direction du Personnel. — 6e Bureau. — Hôpitaux. — Relative au traitement dans les hôpitaux des pensionnaires de la marine.*

Monsieur le Gouverneur,

Je réponds aux questions contenues dans votre lettre du 6 janvier dernier, n° 5.

1° La circulaire ministérielle du 13 novembre 1860, n° 285, timbrée « Algérie », qui applique dans nos colonies la disposition métropolitaine en vertu de laquelle les officiers retraités ne subissent, quel que soit leur grade, qu'une retenue fixe de 2 f. 50 par journée d'hôpital, cette circulaire, dis-je, ne concerne que les officiers ayant appartenu au Département de la Guerre.

2° Les officiers retaités appartenant au Département de la Marine, continuent d'être régis par la décision royale du 7 mars 1840.

3° Le montant de la retenue opérée sur leur pension doit être versé par l'établissement des Invalides au compte du Chapitre 4, Hôpitaux (Service Marine).

Dans l'espèce, c'est avec raison qu'une retenue journalière de 2 francs, s'élevant à 76 francs, a été imputée au capitaine d'infanterie de marine en retraite N.....

Les 76 francs seront remboursés par le service Invalides, au Chapitre IV, qui supporte la somme de 400 francs 90, à laquelle s'élèvent les frais de traitement de cet officier.

Recevez, Monsieur le Gouverneur, l'assurance de ma considération très distinguée.

Le Ministre Secrétaire d'État de la Marine et des colonies,

Comte P. de Chasseloup-Laubat.

N° 1152. — *DÉPÊCHE ministérielle du* **22** *mai* **1862**, *n°* **220**. — *Direction des colonies: 1er bureau. — Au sujet du régime à appliquer aux agrès, apparaux, etc., provenant de navires étrangers naufragés.*

Monsieur le Gouverneur,

J'ai l'honneur de vous transmettre ci-joint copie d'une dépêche que j'adresse à M. le Gouverneur de la Guadeloupe, au sujet du régime à appliquer au point de vue des tarifs de douane, aux agrès, apparaux, etc., provenant de navires étrangers naufragés.

Vous voudrez bien considérer les dispositions de cette dépêche comme étant communes à la colonie que vous administrez.

Recevez, etc.

Le Ministre de la Marine et des colonies,

Pour le Ministre et par son ordre :

Le Directeur des colonies,

CH. ZOEPFFEL.

ANNEXE.

Monsieur le Gouverneur,

Ainsi que m'en informe votre lettre du 27 mars dernier, n° 164, vous avez récemment autorisé l'admission en franchise de droits d'agrès et de débris (ancres, chaînes, grelins en fer, voilure, objets de gréement, coque) provenant d'un navire anglais naufragé sur les côtes de la Colonie.

En février 1861, l'Administration locale avait rendu compte d'une disposition analogue prise à l'égard d'ancres, de chaînes-câbles et de cabestan sauvetés d'un brig américain.

Les instructions résultant de la dépêche ministérielle du 3 avril 1846, et qui servent de base aux décisions dont il s'agit, ne vous semblent pas suffisamment explicites et vous demandez que la matière soit réglée d'une manière complète et formelle pour l'avenir.

Avant la loi du 3 juillet 1861, l'intérêt de nos colonies a pu faire sentir l'utilité d'accorder l'immunité de droits aux agrès et débris provenant des navires échoués. Aujourd'hui, qu'en vertu de la dite loi ces colonies sont appelées à jouir des mêmes facilités d'approvisionnement que la métropole, vous comprendrez aisément qu'il ne peut plus être question de laisser se perpétuer une mesure qui, non-seulement prive la Guadeloupe d'un produit, mais qui cesse de se trouver placée dans les limites de la légalité.

C'est donc le régime existant en France qu'il y a lieu d'appliquer dans le cas de l'espèce.

Veuillez bien donner des instructions en conséquence à la Douane locale.

Recevez, etc.

Le Ministre de la Marine et des colonies,
Comte P. DE CHASSELOUP-LAUBAT.

Pour copie:

Le Directeur des colonies,
CH. ZOEPFFEL.

N° 1153. — *DÉPÊCHE ministérielle relative au capitaine au long-cours Blanchet, ex-second capitaine du trois-mâts* Victor-Amédée.

Paris, 23 Mai 1862.

Monsieur le Gouverneur,

Après avoir examiné l'enquête jointe à votre lettre du 20 mars dernier, concernant les faits d'immoralité constatés à la charge du capitaine au long-cours N..... inscrit à Paris n° 111, ex-second du trois-mâts le *Victor-Amédée*, j'ai, par une décision de ce jour, retiré pendant un an à ce navigateur la faculté de commander les bâtiments du commerce.

Je vous prie, si le capitaine N..... se trouve encore à la Réunion lorsque vous recevrez la présente dépêche, de lui notifier sans retard la mesure dont il est l'objet.

Recevez, Monsieur le Gouverneur l'assurance de ma considération très distinguée.

Le Ministre Secrétaire d'État de la Marine et des colonies,

Pour le Ministre et par son ordre :

Le Conseiller d'État, Directeur du personnel,

LAYRLE.

N° 1154. — *DÉPÊCHE ministérielle portant nomination d'un greffier à Mayotte.*

Paris, le 26 Mai 1862.

Monsieur le Gouverneur,

J'ai l'honneur de vous informer que par décret en date du 21 mai courant, l'Empereur a nommé greffier au Tribunal de 1re instance de Mayotte, M. Jude (Frédéric-Aimé), secrétaire du parquet de 1re instance de Saint-Denis, en remplacement de M. Trutmann, démissionnaire.

Je vous prie de transmettre à M. Jude la dépêche ci-jointe qui l'informe de sa nomination, en l'invitant à se rendre à son nouveau poste, dans le plus bref délai possible.

Vous recevrez par le prochain courrier ampliation du décret précité qui devra être inséré au *Bulletin officiel* de la Réunion, le tribunal de Mayotte se trouvant dans le ressort de la Cour impériale de votre colonie.

Recevez, etc.

Le Ministre de la Marine et des colonies,

Comte P. DE CHASSELOUP-LAUBAT.

N° 1155. — *ARRÊTÉ relatif aux mutations et opérations cadastrales.*

Du 3 juin 1862.

Nous Gouverneur de l'ile de la Réunion,

Vu l'article 4 du décret colonial du 7 avril 1838 réglant la composition et les attributions de la Commission chargée de procéder à l'évaluation des maisons et emplacements;

Vu les articles 2, 4 et 7 de l'arrêté du 6 décembre 1861 portant instruction sur le service des contributions directes;

Sur la proposition du Directeur de l'intérieur,

Avons arrêté et arrêtons:

Art. 1er. La tournée des mutations et les opérations cadastrales supplémentaires devant servir à l'établissement de la matrice générale d'impôts de 1862, commencera dans toutes les communes de l'Ile aux époques ci-après déterminées:

A Saint-Denis, du 1er au 20 juin.
A Sainte-Marie, du 1er au 5 août.
A Sainte-Suzanne, du 1er au 3 juin.
A Saint-André, du 1er au 5 juillet.
A Saint-Benoit, du 1er au 10 juillet.
A Sainte-Rose, du 20 au 24 juillet.
A Saint-Paul, du 1er au 20 juin.
A Saint-Leu, du 10 au 14 juin.
A Saint-Louis, du 6 au 13 juillet.
A Saint-Pierre, du 1er au 20 juin.
A Saint-Joseph, du 13 au 22 juillet.
A Saint-Philippe, du 13 au 18 août.

2. La Commission de recensement devra se réunir sur la convocation des contrôleurs divisionnaires auxquels la présidence est conférée par l'arrêté sus-visé.

3. Les conseillers municipaux dont les noms suivent sont désignés pour faire partie de la dite Commission, savoir:

A Saint-Denis, M. Georges Azéma.
A Sainte-Marie, M. Etienne de Laprade.
A Sainte-Suzanne, M. A. Dioré.
A Saint-André, M. Louis-Ernest Loupy.
A Saint-Benoit, M. Henri Dierx.
A Sainte-Rose, M. Jules Gazet.
A Saint-Philippe, M. Ferdinand Oudin.
A Saint-Joseph, M. Léon Deheaulme.
A Saint-Pierre, M. Gabriel Potier.
A Saint-Louis, M. Auguste Corseuil.
A Saint-Leu, M. Desvallons Euger fils.
A Saint-Paul, M. Antoine Bosse.

4. Sont nommés experts pour faire partie de la dite Commission, savoir :

A Saint-Denis, M. Louis Aubert.
A Sainte-Marie, M. Paul Lépervanche.
A Sainte-Suzanne, M. Garros.
A Saint-André, M. Loupy.
A Saint-Benoit, M. Louis Julie.
A Sainte-Rose, M. François Jacquin.
A Saint-Philippe, M. Jean-Baptiste Déramon.
A Saint-Joseph, M. Léoville Baillif.
A Saint-Pierre, M. Joseph Sanglier.
A Saint-Leu, M. Henri Hibon.
A Saint-Louis, M. Charles Lebrun.
A Saint-Paul, M. Mercher fils.

MM. les experts, avant de coopérer aux travaux de la Commission, devront prêter serment devant le Juge de paix de leur circonscription.

5. Le Directeur de l'intérieur est chargé de l'exécution du présent arrêté, qui sera publié et inséré au *Bulletin officiel* de la Colonie.

Saint-Denis, le 3 juin 1862.

Pour le Gouverneur empêché :
L'Ordonnateur,
DESMAZES.

Par le Gouverneur :
Le Directeur de l'Intérieur,
CH. DE LAGRANGE.

N° 1156. — *ARRÊTÉ relatif à la confection des ordonnances de dégrèvement.*

Du 4 Juin 1862.

Nous Gouverneur de l'île de la Réunion,

Vu l'article 9 du sénatus-consulte du 3 mai 1854;

Vu le chapitre 7, titre 7, de l'arrêté du 30 octobre 1861, portant instructions sur le service général des contributions diverses;

Sur la proposition du Chef du service des contributions,

Sur le rapport du Directeur de l'intérieur,

Avons arrêté et arrêtons :

Art. 1er. Il est alloué 0 f. 05 par article pour la confection des ordonnances de dégrèvement en ce qui concerne les états collectifs des percepteurs.

2. Le Directeur de l'intérieur est chargé de l'exécution du présent arrêté, qui sera enregistré où besoin sera et inséré au *Bulletin officiel* de la Colonie.

Saint-Denis, le 4 juin 1862.

Pour le Gouverneur empêché :

L'Ordonnateur,
DESMAZES.

Par le Gouverneur :

Le Directeur de l'Intérieur,
Ch. de Lagrange.

N° 1157. — *ARRÊTÉ de convocation du Conseil général.*

Du 6 Juin 1862.

Nous Gouverneur de l'île de la Réunion,

Vu l'article 7, § 2 du décret impérial du 26 juillet 1854;

Sur le rapport du Directeur de l'intérieur,

Avons arrêté et arrêtons :

Art. 1er. Le Conseil général est convoqué pour le 13 juin courant en session extraordinaire à l'effet de délibérer sur les diverses communications qui lui seront faites par le Gouvernement. La durée de cette session est fixée à 10 jours.

2. Le Directeur de l'intérieur est chargé de l'exécution du présent arrêté, qui sera publié et inséré au *Bulletin officiel* de la Colonie.

Saint-Denis, le 6 juin 1862.

Baron DARRICAU.

Par le Gouverneur :

Le Directeur de l'Intérieur,

Ch. de Lagrange.

N° 1158. — *ARRÊTÉ portant nomination de membres de la Commission des morues à St-Denis.*

Du 7 Juin 1862.

Nous Gouverneur de l'ile de la Réunion,

Vu l'art. 13 du décret du 29 décembre 1851, relatif à l'introduction des morues dans les colonies françaises ;

Attendu qu'il est important que la Commission instituée par le dit décret ne puisse être empêchée de fonctionner en cas d'empêchement d'un des membres titulaires ;

Sur le rapport du Directeur de l'intérieur,

Avons arrêté et arrêtons :

Art. 1er. Sont nommés membres suppléants de la Commission chargée de vérifier la qualité des morues importées dans la Colonie :

MM. De Gaillande, sous-commissaire de la Marine,
Desprez, commis de marine, délégué du Contrôle,
Legarnisson, chef du secrétariat de la Mairie,
Un vérificateur des douanes.
Ch. Maureau, membre de la Chambre de commerce,
Besliard, chirurgien de la Marine.

2. Toutes les fois qu'un membre titulaire sera empêché, le membre suppléant correspondant au service auquel le titulaire appartient, sera convoqué par le Président de la Commission.

3. Le Directeur de l'intérieur est chargé de l'exécution du présent arrêté, qui sera enregistré où besoin sera et déposé au Contrôle colonial.

Saint-Denis, le 7 juin 1862.

Pour le Gouverneur empêché:

L'Ordonnateur,

DESMAZES.

Par le Gouverneur :

Le Directeur de l'Intérieur,

Ch. de Lagrange.

N° 1159. — *ARRÊTÉ portant nomination de M. Jules Moreau à l'emploi de préposé-surveillant de la fabrication et de la vente des rhums.*

Du 11 Juin 1862.

Nous Gouverneur de l'île de la Réunion,

Vu les articles 24 et 25 de l'arrêté local du 28 décembre 1850 sur la fabrication et la vente des rhums ;

Vu la lettre de M. le Chef du service des contributions en date du 31 mai dernier, par laquelle il propose de suspendre provisoirement de ses fonctions M. A. Bègue, préposé-surveillant de guildives, et de désigner, pour le remplacer, M. J. Moreau, ancien proposé-surveillant de guildives, en réintégrant ce dernier dans ses fonctions;

Sur la proposition du Directeur de l'intérieur,

Avons arrêté et arrêtons :

Art. 1er. M. Jules Moreau est nommé, à compter du 22 mai dernier, préposé-surveillant de la fabrication et de la vente des rhums en remplacement de M. Bègue, suspendu provisoirement de ses fonctions.

2. M. Moreau fournira en cette qualité un cautionnement de 8,000 francs en titres de rentes ou en immeubles libres de toute hypothèque d'une valeur de moitié en sus du cautionnement, et ce, dans le délai d'un mois de sa nomination, sous peine de remplacement immédiat.

3. Avant d'entrer en exercice, il prêtera serment devant le Tribunal de 1re instance dans l'arrondissement duquel il devra servir.

4. Il jouira d'un traitement annuel de 1,000 fr.

5. Le Directeur de l'intérieur est chargé de l'exécution du présent arrêté, qui sera publié et inséré au *Bulletin officiel* de la Réunion.

Saint-Denis, le 11 juin 1862.

Pour le Gouverneur empêché :

L'Ordonnateur,

DESMAZES.

Par le Gouverneur :

Le Directeur de l'Intérieur,

Ch. de Lagrange.

N° 1160. — *ARRÊTÉ relatif à la prime accordée aux détachements communaux pour l'arrestation des condamnés en état de désertion.*

Du 12 Juin 1862.

NOUS GOUVERNEUR DE L'ILE DE LA RÉUNION,

Vu l'article 9 du sénatus-consulte du 3 mai 1854 réglant la constitution des colonies;

Vu l'arrêté local du 8 janvier 1859 concernant la création des détachements communaux;

Considérant que l'intérêt de la sûreté publique commande de provoquer par tous les moyens possibles la recherche et l'arrestation des condamnés déserteurs;

Sur la proposition du Directeur de l'intérieur,

Le Conseil privé entendu,

AVONS ARRÊTÉ ET ARRÊTONS:

Art 1er. La prime accordée par l'art. 6 de l'arrêté du 8 janvier sus-visé aux détachements communaux pour l'arrestation des condamnés criminels et correctionnels en état de désertion, sera pareillement allouée à tout capteur, sans exception, de condamnés évadés.

Cependant, la prime sera de dix francs seulement pour l'arrestation d'un condamné criminel et de sept francs cinquante centimes pour un correctionnel, si le capteur est agent de la force publique.

2. Il sera alloué une prime de deux francs cinquante centimes pour la capture d'un condamné disciplinaire évadé.

3. Les frais de capture seront payés à la fin de chaque trimestre, suivant état dressé par le chef de service de la police et émargé par les capteurs, sur les fonds de l'allocation prévue à l'art. 6, chap. 2 du budget du service local sous le titre: « Entretien des condamnés et menues dépenses des prisons. »

Il en sera fait reprise, lorsqu'il y aura lieu, sur

le décompte dû à l'évadé pour le produit de son travail personnel.

4. Le paiement des captures opérées pendant le 1er semestre 1862 aura lieu conformément aux dispositions du présent arrêté.

5. Le Directeur de l'intérieur est chargé de l'exécution du présent arrêté, qui sera publié et inséré au *Bulletin officiel* de la Colonie.

Saint-Denis, le 12 juin 1862.

Pour le Gouverneur empêché ;

L'Ordonnateur,
DESMAZES.

Par le Gouverneur :

Le Directeur de l'Intérieur,
CH. DE LAGRANGE.

N° 1161. — *ARRÊTÉ relatif aux boîtes aux lettres de la Poste.*

Du 12 Juin 1862.

NOUS GOUVERNEUR DE L'ILE DE LA RÉUNION,

Vu l'article 12, § 2 et 3 de l'arrêté du 24 décembre 1860 ;

Considérant qu'il importe d'établir des boites aux lettres sur divers points de la Colonie pour faciliter la transmission des correspondances ;

Considérant en outre que pour la bonne exécution du service la position de ces boîtes ainsi que les époques et heures fixées de leurs levées par les facteurs doivent être déterminées ;

Vu les propositions du Chef du service des contributions qui a expérimenté cette organisation complémentaire depuis le mois de février dernier ;

Sur le rapport du Directeur de l'intérieur, le Conseil privé entendu,

AVONS ARRÊTÉ ET ARRÊTONS :

Art. 1er. Les dispositions énoncées dans le tableau ci-annexé, seront immédiatement appliquées.

2. Le Directeur de l'intérieur est chargé de l'exécution du présent arrêté, qui sera publié et inséré au *Bulletin officiel* de la Colonie.

Saint-Denis, le 12 juin 1862.

Pour le Gouverneur empêché :

L'Ordonnateur,
DESMAZES.

Par le Gouverneur :

Le Directeur de l'intérieur.
CH. DE LAGRANGE.

N° 1162. — *ARRÊTÉ portant modification de l'arrêté du 24 décembre 1860 sur le service de la Poste.*

Du 12 Juin 1862.

NOUS GOUVERNEUR DE L'ILE DE LA RÉUNION,

Vu les articles 76, 77, 80 et 81, § 1er de l'arrêté du 24 décembre 1860 portant organisation du service de la poste aux lettres de la Réunion;

Considérant que l'obligation imposée aux receveurs de solder au comptant la valeur des timbres-postes, a eu pour effet jusqu'à ce jour de les contraindre à limiter leurs demandes à leurs ressources souvent insuffisantes; que par ce motif, les approvisionnements peuvent ne pas être toujours en rapport avec les besoins du service;

Considérant que le Receveur comptable est chargé d'approvisionner les bureaux des quartiers et que sa qualité d'intermédiaire entre le Trésorier et les Receveurs des postes engage sa responsabilité pécuniaire sans compensation;

Vu les propositions du Chef du service des contributions;

Sur le rapport du Directeur de l'intérieur,

Le Conseil privé entendu,

AVONS ARRÊTÉ ET ARRÊTONS:

Art. 1er Les articles 76, 77 et 80 sus-visés sont modifiés et rédigés comme suit:

Art. 76. L'Administration livrera des timbres-postes à tous les Receveurs de la Colonie sans qu'ils soient tenus d'en solder la valeur au comptant. Les recouvrements au profit du Trésor s'opéreront au fur et à mesure de la vente au public sous la déduction de 2 pour 0/0 en faveur de ces agents.

Art. 77. Les timbres-postes sont fournis sur

demandes spéciales à tous les Receveurs des quartiers, par le Receveur comptable qui jouira d'une remise de 1 pour 100 sur la valeur de ces timbres dont l'envoi sera effectué sous sa responsabilité personnelle.

Art. 80. Après chaque réception de timbres-postes, les Receveurs prennent charge immédiatement à leur livre-journal de recettes du prix intégral des timbres réellement reçus et ils sont tenus, à toute réquisition légale, d'en représenter la valeur, soit en timbres, soit en numéraire.

2. Le § 1er de l'article 81 est abrogé.

L'approvisionnement des bureaux en timbres-postes sera déterminé par un règlement administratif.

3. Le présent arrêté aura son effet à partir du 1er juillet 1862.

4. Le Directeur de l'intérieur est chargé de l'exécution du présent arrêté, qui sera publié, enregistré et déposé au Contrôle colonial.

Saint-Denis, le 12 juin 1862.

Pour le Gouverneur empêché :

L'Ordonnateur,

DESMAZES.

Par le Gouverneur :

Le Directeur de l'intérieur,

CH. DE LAGRANGE.

N° 1163. — ***ARRÊTÉ** portant modification de l'arrêté du 26 décembre 1855 sur le service des ponts-et-chaussées.*

Du 12 Juin 1862.

NOUS GOUVERNEUR DE L'ILE DE LA RÉUNION,

Vu l'article 9 du sénatus-consulte du 3 mai 1854 ;

TABLEAU *indiquant le nombre, la position et les heures de levée des boîtes aux lettres autres que celles qui sont placées dans les bureaux de poste.*

DÉSIGNATION des COMMUNES.	NOMBRE.		POSITION.	JOURS DE LEVÉE.	HEURES DE LEVÉE. MATIN.	HEURES DE LEVÉE. SOIR.
St-Denis	13	1	Place du Barachois.	tous les jours	7	5 3/4
		1	Angle de la rue de la Boulangerie et de la rampe de l'hôpital.	dito	7 1/2	5 1/2
		1	Angle des rues de Paris et de la Compagnie.	dito	8	5
		1	Place du Jardin.	dito	8 1/2	4 1/2
		1	Palais de Justice (rue Sainte-Marie).	dito	8 3/4	4 3/4
		1	Angle des rues du Grand-Chemin et de la Boucherie.	dito	9 1/4	2 1/2
		1	Angle des rues de l'Eglise et de la Boucherie.	dito	9 1/2	2 1/4
		1	Geôle (rue du Conseil).	dito	9 3/4	2
		1	Route du Butor (Etablissement des Frères).	dito	»	3
		1	Angle des rues Monthion et du Bois de Nèfles.	dito	»	4
		1	Pont de la rivière des Pluies, magasin du sieur Rivière, situé sur la route communale.	dito	10	»
		1	Etablissement de la marine Richard au Butor (sur la route Impériale).	dito	midi	»
		1	Chemin du pont de M. Desbassayns.	dito	10	4
Ste-Suzanne	3	1	Hôtel des voyageurs.	tous les jours	5 1/2	3 1/2
		1	Quartier-Français.	dito	5	2
		1	Bras des Chevrettes, rive gauche de la rivière Saint-Jean, chez le sieur Henry Dalleau.	dito	midi	»
St-André	4	1	Poste de la Douane sur la route coloniale du Champ-Borne.	tous les jours	»	4
		1	Bazar (maison veuve Balthazar).	dito	»	1 1/2
		1	Rivière du Mât (maison Cotteret).	dito	midi 1/2	
		1	Bras des Chevrettes (rive droite).	dito	»	1 1/2
St-Benoit	6	1	Chez le sieur Auguste Prudent (au chef-lieu).	tous les jours	11	5
		1	Poste de la police municipale (à Sainte-Anne).	lundi et mercredi	»	4
		1	Poste de la police municipale (au Bras-Panon).	vendredi et samedi	»	4
		1	Bourg de la rivière des Roches.	tous les jours dimanche excepté	8	»
		1	Bourg du Bourbier.	dito	8	»
		1	Près du chemin de Saint-Pierre (route Impériale).	dito	7	»
Ste-Rose	2	1	Chez le sieur Jules Gazet au Piton Rond.	lundi, mercredi et vendredi	10	»
		1	Sur la route Impériale (au lieu dit la Bonne-Espérance).	tous les jours dimanche excepté	10	»
St-Paul	7	1	Bureau du port (rue Gilbert).	tous les jours	8	4
		1	Collége Saint-Charles (chaussée Impériale).	dito	8 1/2	4 1/2
		1	Bourg de Saint-Gilles (poste de la police).	dito	8	»
		1	Saline (haute) (au poste de la police).	dito	8 1/2	»
		1	Fleurimont (au poste de la police).	dito	9 1/2	»
		1	Bellemène — — —	dito	8	»
		1	Bois de Nèfles — — —	dito	9	»
La Possession		1	Ravine à Marquet (poste de la police).	tous les jours	8	»
St-Leu	4	1	Laveuve (route Impériale).	mercredi et samedi	7	»
		1	Fontaine du Cap (route communale).	dito	9 1/2	»
		1	Ravine des Colimaçons.	lundi, mercredi et vendredi	7	
		1	Eglise des Trois-Bassins.	dito	»	3
St-Louis	3	1	Aux Avirons (route Impériale).	lundi, jeudi et samedi	7	»
		1	Etang Salé (à la Cure).	dito	»	5
		1	A la rivière (au poste de la police municipale).	mardi, jeudi et samedi	»	3
St-Pierre	10	1	Rue des Bons Enfants (maison Maillard).	tous les jours	»	5
		1	Rue Saint-Joseph (maison Jh. Hermann).	dito	»	5
		1	A l'Entre-Deux (poste de la mairie).	mardi, mercredi et samedi	»	3
		1	A Mahavel (maison Al. Choppy).	mardi et jeudi	»	2
		1	A la Petite Ile (au Presbytère).	samedi	»	4
		1	Au Tampon (à la Chapelle).	samedi	8	»
		1	Au Bois d'Olive.	mardi, jeudi et samedi	»	2
		1	Au Grand Bois.	dito	»	4
		1	Rue du Barachois (ville).	tous les jours	»	4 1/2
		1	Rue de la Plaine (ville).	dito	»	4
St-Joseph	4	1	Manapany (chez le sieur Montendre Ethève).	tous les jours	»	3
		1	Vincendo (chez le sieur Amand Laine).	mardi, jeudi et samedi	»	2
		1	Aux Lianes (au Presbytère).	samedi	»	2
		1	A Langevin (maison Leichnig).	lundi, mercredi et vendredi	»	3

APPROUVÉ :

Pour le Gouverneur empêché :

L'Ordonnateur,

DESMAZES.

Par le Gouverneur :

Le Directeur de l'Intérieur,

CH. DE LAGRANGE.

Vu l'article 2 du décret du 31 juillet 1855, portant nomenclature des dépenses obligatoires du service local ;

Vu l'arrêté du 26 décembre 1855, portant organisation du service des Ponts et Chaussées dans la Colonie ;

Vu la dépêche du 7 février dernier, n° 40, donnant avis de la nomination de M. Lefèvre en qualité d'Ingénieur colonial à la Réunion ;

Considérant que l'arrivée dans la Colonie de M. l'ingénieur Lefèvre permet à l'Administration de mettre à exécution le vœu émis par le Conseil général, en ce qui concerne la création d'un 3e arrondissement d'ingénieur, dans le but de diminuer l'étendue trop considérable du territoire de l'arrondissement de Saint-Pierre ;

Sur le rapport du Directeur de l'Intérieur,

Le Conseil privé entendu,

AVONS ARRÊTÉ ET ARRÊTONS :

Art. 1er. Les articles 1er et 2 de l'arrêté du 26 décembre 1855 sont modifiés ainsi qu'il suit :

2. Le territoire de la Colonie de la Réunion, sous le rapport du service des Ponts et Chaussées, est divisé à partir du 1er juin 1862 en 3 arrondissements dont les limites sont fixées ainsi qu'il suit, savoir :

Le premier arrondissement comprend les deux communes de Saint-Denis et de Saint-Paul, depuis la rive gauche de la rivière des Pluies (Saint-Denis) jusqu'à la limite qui sépare la commune de Saint-Paul de celle de Saint-Leu ;

Le deuxième arrondissement (partie du Vent), depuis la rive droite de la rivière des Pluies jusqu'au milieu du Grand-Brûlé ;

Et le troisième arrondissement (partie Sous-le-Vent), depuis la limite qui sépare les communes de Saint-Paul et de Saint-Leu jusqu'au milieu du Grand-Brûlé.

3. M. Lefèvre, ingénieur colonial, est chargé, sous les ordres de l'Ingénieur en Chef, du service du premier arrondissement.

Il jouira, en cette qualité, de la solde et des accessoires qui seront décomptés ainsi :

Traitement.......	6,000 fr.
Frais de tournées..	3,000
Frais de bureau...	1,000
Total......	10,000 fr.

4. Toutes les dispositions de l'arrêté du 26 décembre 1855, qui ne sont pas contraires au présent arrêté, continueront à recevoir leur exécution.

5. Le Directeur de l'Intérieur est chargé de l'exécution du présent arrêté, qui sera publié et inséré au *Bulletin officiel* de la Colonie.

Saint-Denis, le 12 juin 1862.

Pour le Gouverneur empêché :

L'Ordonnateur,

DESMAZES.

Par le Gouverneur :

Le Directeur de l'Intérieur,

CH. DE LAGRANGE.

N° 1164. — ***ARRÊTÉ** qui règle la position des immigrants, Indiens ou autres, arrivant dans la Colonie comme passagers libres d'engagement.*

Du 12 Juin 1862.

NOUS GOUVERNEUR DE L'ILE DE LA RÉUNION,

Vu le sénatus-consulte du 3 mai 1854 réglant la constitution des colonies ;

Vu l'arrêté local du 25 janvier 1849 concernant les permis de séjour temporaire et de résidence :

Vu le rapport du Commissaire central, chef du service de la police ;

Considérant que depuis quelque temps de nombreux immigrants, la plupart asiatiques et anciens engagés de la Colonie, reviennent à la Réunion comme passagers et porteurs de passe-ports réguliers ;

Que ces immigrants ne justifient le plus souvent d'aucun moyen sérieux d'existence, et que leur nombre toujours croissant augmente, dans une proportion menaçante pour l'ordre public, le chiffre déjà considérable de la population flottante et parasite de la Colonie ;

Voulant mettre un terme à un état de choses essentiellement préjudiciable d'ailleurs à l'avenir des engagements de travail et aux intérêts qui se rattachent à la constitution des ateliers ruraux ;

Sur la proposition du Directeur de l'Intérieur de concert avec l'Ordonnateur,

Le Conseil privé entendu,

AVONS ARRÊTÉ ET ARRÊTONS ce qui suit :

Art. 1er. Tout immigrant, Indien ou autre, arrivant dans la Colonie comme passager libre d'engagement devra, aussitôt son débarquement, se présenter au bureau central de Police pour y faire les justifications prescrites par l'article 3 de l'arrêté du 25 janvier 1849.

Tout contrevenant à cette disposition sera arrêté et détenu à la disposition de l'Autorité administrative compétente.

2. Pour assurer l'exécution de cette obligation faite aux immigrants et faciliter dans cet intérêt l'action de la Police, la Direction du Port avisera en temps utile le chef de ce service de l'arrivée de tout navire porteur de passagers immigrants libres, de telle sorte que le débarquement de ces passagers ne puisse avoir lieu qu'en présence et sous la surveillance d'un agent de la force publique commis pour les conduire au bureau cen-

tral de Police, devant le fonctionnaire chargé de vérifier leur position.

Le débarquement de ces passagers ne sera constaté, tant sur les rôles d'équipage, dans la forme et par les peines prévues au décret du 19 mars 1852, article 5, que sur le vu de certificats de la Police, constatant l'exécution de la disposition ci-dessus.

3. Tout immigrant venu dans la Colonie comme passager libre, porteur ou non d'un passe-port régulier, s'il ne se trouve pas d'ailleurs dans les conditions requises par les règlements en vigueur pour l'obtention du permis de séjour, sera, sur la proposition du chef du service de la Police et l'ordre du Directeur de l'intérieur, immédiatement renvoyé à la disposition du Commissaire de l'immigration pour être mis en demeure d'opter entre un engagement régulier de travail ou le rapatriement à bref délai.

4. Si l'immigrant a opté pour le rapatriement, il sera placé au dépôt communal, pour y rester en subsistance jusqu'à l'époque de son embarquement pour sa destination.

Dans ce cas le rapatriement forcé aurait toujours lieu aux frais de l'immigrant.

5. L'Ordonnateur, le Directeur de l'intérieur et le Procureur Général sont chargés, chacun en ce qui le concerne, de l'exécution du présent arrêté, qui sera publié et inséré au *Bulletin officiel* de la Colonie.

Saint-Denis, le 12 juin 1862.

Pour le Gouverneur empêché :

L'Ordonnateur,

DESMAZES.

Par le Gouverneur :

L'Ordonnateur,

DESMAZES.

Le Directeur de l'Intérieur,

CH. DE LAGRANGE.

N° 1165. — *RÈGLEMENT de la Cour Impériale qui fixe les jours et heures des audiences de la Justice de Paix de Saint-Pierre.*

Par arrêté du Gouverneur en date du 12 juin 1862, enregistré le lendemain 13, le règlement de la Cour Impériale dont la teneur suit, a été promulgué pour être exécuté à partir du 1er juillet 1862.

EXTRAIT des minutes du greffe de la Cour Impériale de l'île de la Réunion, séant à Saint-Denis.

L'an mil huit cent soixante-deux, le mardi dix juin, à l'issue de l'audience civile de ce jour, la Cour Impériale de l'île de la Réunion s'est réunie en assemblée générale dans la Chambre du Conseil, sur la convocation de son président.

Etaient présents : MM. Bellier de Villentroy, chevalier de la Légion-d'Honneur, président ; Mayol, Laffon, Hurtrel et Legras, conseillers ; Terral, conseiller-auditeur, et Me J. de Lestrac, greffier en chef, tenant la plume.

Messieurs les membres du parquet ayant été avertis de la réunion de la Cour, M. Lefèvre, 1er substitut du Procureur Général, est entré et a pris sa place.

M. le Président a déclaré que la séance était ouverte et que la réunion de la Cour avait pour objet de fixer, par un nouveau règlement, les heures des audiences du Tribunal de Paix de Saint-Pierre.

Ouï M. Lefèvre, 1er substitut du Procureur Général, en ses conclusions ;

Après qu'il en a été délibéré conformément à la loi ;

Attendu que depuis l'installation du Tribunal de 1re instance à Saint-Pierre les audiences de ce Tribunal se trouvant fixées par le règlement aux mêmes jours et heures que celles du Tribunal de Paix, il y a lieu, dans l'intérêt des justiciables, de changer les heures des audiences du Tribunal de Paix;

En conséquence la Cour arrête ce qui suit :

Art. 1er. Les audiences civiles et commerciales du Tribunal de Paix de Saint-Pierre se tiendront le lundi de chaque semaine à huit heures du matin.

Celles de simple police, le mardi matin, à la même heure.

Les audiences de conciliation, le mardi, à une heure de l'après-midi.

2. Sera le présent règlement soumis à la diligence de M. le Procureur Général, à l'approbation de M. le Gouverneur, conformément à l'article 46 de l'ordonnance judiciaire du 30 septembre 1827.

Fait et arrêté en la Chambre du Conseil les dits jour, mois et an que dessus, et ont les membres signé avec le greffier.

Signé à la minute : Bellier de Villentroy, Mayol, Laffon, Hurtrel, Legras, Terral et J. de Lestrac.

Pour extrait :

Le Greffier en chef,
J. DE LESTRAC.

Vu : *Le Procureur Général,*
JUSTIN BERET.

N° 1166. — ***ARRÊTÉ*** *qui proroge la session du Conseil général.*

Du 18 Juin 1862.

NOUS GOUVERNEUR DE L'ILE DE LA RÉUNION,

Vu l'article 7 du décret du 26 juillet 1854

concernant l'organisation des Conseils généraux aux colonies ;

Vu notre arrêté du 6 juin courant qui convoque le Conseil général en session extraordinaire pour le 13 du même mois ;

Sur le rapport du Directeur de l'intérieur,

AVONS ARRÊTÉ ET ARRÊTONS :

Art. 1er. La session du Conseil général, convoqué en séance extraordinaire par notre arrêté sus-visé pour le 13 juin courant, est prorogé jusqu'au 4 juillet prochain.

2. Le Directeur de l'Intérieur est chargé de l'exécution du présent arrêté, qui sera publié et inséré au *Bulletin officiel* de la Colonie.

Saint-Denis, le 18 juin 1862.

Baron DARRICAU.

Par le Gouverneur :

Le Directeur de l'Intérieur,

CH. DE LAGRANGE.

N° 1167. — *ARRÊTÉ qui fixe le prix de cession des contrats d'engagement des immigrants Indiens.*

Du 26 Juin 1862.

NOUS GOUVERNEUR DE L'ILE DE LA RÉUNION,

Vu l'article 9 du sénatus-consulte du 3 mai 1854 ;

Vu notre arrêté du 3 mai 1861 qui a fixé à 400 f. le prix de cession des contrats d'immigrants ;

Attendu qu'il est possible aujourd'hui de diminuer le prix de cette cession ;

Sur le rapport du Directeur de l'intérieur,

Le Conseil privé entendu,

AVONS ARRÊTÉ ET ARRÊTONS :

Art. 1er. Le prix de cession des contrats d'engagement des immigrants indiens introduits dans la Colonie est fixé, à partir de ce jour et jusqu'à nouvel ordre, à trois-cent-cinquante francs, tous frais compris.

2. Le Directeur de l'intérieur est chargé de l'exécution du présent arrêté, qui sera publié et inséré au *Bulletin officiel* de la Colonie.

Saint-Denis, le 26 juin 1862.

Baron DARRICAU.

Par le Gouverneur :

Le Directeur de l'Intérieur,

CH. DE LAGRANGE.

N° 1168. — *ARRÊTÉ portant acceptation d'un terrain offert par M. Louvigny Lépervanche pour la rectification de la Route Impériale.*

Du 26 Juin 1862.

NOUS GOUVERNEUR DE L'ILE DE LA RÉUNION,

Vu l'article 9 du sénatus-consulte du 3 mai 1854, qui règle la constitution des colonies;

Vu notre décision prise en Conseil privé le 10 mai dernier, approuvant une rectification de la route Impériale à Saint-André, au point où elle s'embranche avec la route de Salazie pour se lier à celle qui conduit au pont de la Roche-Plate;

Attendu que cette rectification ne peut s'opérer qu'en traversant des terrains d'emplacement appartenant à MM. L. Lépervanche et Domengé et à Mme veuve Moreau, ainsi qu'il résulte du plan des lieux ci-annexé; qu'il y a lieu dès lors de désintéresser les propriétaires des dits terrains;

Mais attendu que M. Lépervanche ne réclame aucune indemnité, et ne soumet l'Administration qu'à la condition de rétablir la partie de son mur de clôture qui aura été abattue; que M. Domengé propose de vendre amiablement son terrain d'emplacement, et que Mme veuve Moreau accepte pour tout dédommagement, en compensation de la perte de la portion de son emplacement qui se trouvera traversée par la nouvelle route, la portion de celui de M. Domengé qui s'étend entre le sien et celui de M. Lépervanche;

Vu le budget de la Colonie pour l'exercice 1862;

Sur le rapport du Directeur de l'intérieur;

Le Conseil privé entendu.

AVONS ARRÊTÉ ET ARRÊTONS :

Est acceptée l'offre faite par M. Louvigny Lépervanche de céder à l'Administration, sans indemnité, la portion de son emplacement situé à Saint-André, qui sera occupée par la route Impériale après la rectification ci-dessus mentionnée, à la seule condition que l'Administration s'oblige à relever la partie de son mur de clôture qui aura été abattue.

L'Administration des Domaines est, en outre, autorisée à acquérir de M. Domengé le terrain d'emplacement situé à Saint André et qui figure au plan ci-annexé, pour la somme nette de dix-huit mille francs, payable sans intérêts après l'accomplissement des formalités de la purge légale, mais productif d'intérêts à partir de ce délai.

Est également autorisé l'échange proposé par Mme veuve Moreau de la portion de son emplacement traversée par la nouvelle route, contre la portion de celui de M. Domengé qui s'étend entre le sien et celui de M. Lépervanche, le dit échange devant se faire au surplus conformément au plan des lieux dont il a été parlé ci-dessus et qui demeurera annexé au présent.

2. La dépense que nécessiteront les travaux et

acquisition à faire en exécution de l'article qui précède, sera imputée sur le crédit de vingt mille francs inscrit au budget de l'exercice 1862, pour le raccordement du pont de la Roche-Plate avec la route Impériale.

3. Le Directeur de l'intérieur est chargé de l'exécution du présent arrêté, qui sera enregistré où besoin sera et inséré au *Bulletin officiel* de la Colonie.

Saint-Denis, le 26 juin 1862.

Baron DARRICAU.

Par le Gouverneur :

Le Directeur de l'Intérieur,

CH. DE LAGRANGE.

N° 1169. — *ARRÊTÉ portant modification de l'arrêté du 24 mai dernier.* (Dépense de l'Evêché.)

Du 30 Juin 1862.

NOUS GOUVERNEUR DE L'ILE DE LA RÉUNION,

Vu le décret du 3 février 1851 constitutif des évêchés ;

Vu la décision ministérielle du 28 septembre 1852 qui a élevé de 15,000 à 20,000 francs le traitement des évêques ;

Vu la décision épiscopale du 7 mai dernier ;

Vu notre arrêté du 24 mai dernier ;

Sur la proposition de l'Ordonnateur et du Directeur de l'intérieur,

AVONS ARRÊTÉ ET ARRÊTONS :

Art. 1er. L'article 2 de notre arrêté précité du 24 mai est modifié ainsi qu'il suit :

L'indemnité prévue par l'article 7 du décret du 3 février 1851 sera payée, à dater du 7 mai dernier, au compte du budget du service métropolitain, sur le pied de 5,000 francs par an, conformément aux dispositions de la dépêche ministérielle du 28 septembre 1852, à M. Margeries, chanoine, jusqu'à l'arrivée de M. Fava, vicaire général.

2. L'Ordonnateur et le Directeur de l'intérieur sont chargés, chacun en ce qui le concerne, de l'exécution du présent arrêté qui sera déposé au au Contrôle colonial.

Saint-Denis, le 30 juin 1862.

Baron DARRICAU.

Par le Gouverneur:

L'Ordonnateur, DESMAZES.

Le Directeur de l'Intérieur, CH. DE LAGRANGE.

N° 1170. — *MERCURIALE des denrées et productions coloniales, d'après laquelle la Douane aura à percevoir les droits de sortie pendant le mois de juin* 1862.

NATURE DES DENRÉES ET DES PRODUCTIONS DE L'ILE DE LA RÉUNION.	ESPÈCE des unités.	PRIX.	
Denrées coloniales.		F.	C.
Café	les 100 kil.	160	»
Cacao	id.	100	»
Épices diverses.. { Pimens.... / Ravensara. }	id.	100	»
Girofle (clous de)	id.	60	»
Girofle (griffes de)	id.	15	»
Macis	id.	225	»
Muscades	id.	100	»
Miel de toute sorte	le litre	1	75
Vanille	le kilogram.	22	»
Sucre premier type	les 100 kil.	55	»
Sucre deuxième type	id.	49	»
Sucre troisième type	id.	24	»
Pommes de terre et oignons	id.	15	»
Légumes secs	id.	25	»
Produits industriels.			
Chocolat	id.	250	»
Huile essentielle de girofle	le litre	3	»
Sacs de vacoa	les 100 sacs	20	»

Fait à Saint-Denis, le 28 mai 1862.

Les Membres de la Commission présents,

Signé : BRIENNE, directeur, CARTIER, GAMIN, BERTHO, HUSSON et LHUILLIER.

Approuvé en séance du Conseil privé, le 12 juin 1862.

Pour le Gouverneur en tournée :

L'Ordonnateur,

DESMAZES.

Par le Gouverneur :

Le Directeur de l'Intérieur,

CH. DE LAGRANGE.

N° 1171. — *MERCURIALE des marchandises étrangères, d'après laquelle la Douane aura à percevoir les droits d'entrée pendant le mois de juin 1862.*

DÉSIGNATION DES MARCHANDISES.	UNITÉS.	PRIX.	DROITS par navires français.	DROITS par navires étrangers.
		f. c.		
Tortues des Séchelles....	Le kilog.	75	exempt	10 %
Tortues de Madagascar...	La tête	1	Id.	Id.
Gibier, volailles..........	Id.	1 25	Id.	Id.
Dindons et poules d'Inde..	Id.	5	Id.	Id.
Oies.....................	Id.	4	Id.	Id.
Canards..................	Id.	2	Id.	Id.
Laine en masse pour matelas	Le kilog.	2	20 %	30 %
Nattes de jonc et d'écorce......	La pièce	3	6 %	10 %
Nattes pour parquets en rotin....	Le m. carré	6	Id.	Id.
Nattes pour parquets en bambou...	Id.	4	Id.	Id.
Nattes persiennes en rotin.....	Id.	6	6 %	Id.
Nattes persiennes en bambou...	Id.	4	Id.	Id.
Nattes fines..................	La pièce	2	Id.	Id.
Nattes communes............	Id.	1	Id.	Id.
Vannerie. — Paniers en rotin à linge................	Id.	12	Id.	Id.
Chaudières de fonte et de potin..................			15 %	25 %
Moulins à égrener.........			Id.	Id.
Pompes en bois non garnies.			Id.	Id.
Voitures à quatre roues riches.....	Id.	3500	20 %	30 %
Voitures à quatre roues ordinaires.	Id.	2500	Id.	Id.
Cabriolets riches........	Id.	1500	Id.	Id.
Cabriolets ordinaires.....	Id.	1000	Id.	Id.
Objets de collection.......	Id.		1 %	2 %
Babarets en bois laqué, avec dessins en or, du Japon.	Id.		12 %	probib.
Balais en crins de coco, manche bambou.........	La douzaine	18	Id.	Id.
Bateaux chinois, en racine de bambou, avec sculptures représentant personnages..................	La pièce	30	Id.	Id.
Bateaux en ivoire, représentant les bateaux de plaisance des Chinois........	Id.	100	Id.	Id.
Bandèges en bambou peint.	Le jeu de 3	9	Id.	Id.
Boites à whist et jetons en ivoire sculpté.... 1re qualité	La boîte	50	Id.	Id.
Boites à whist et jetons en ivoire sculpté.... 2e idem.	Id.	20	Id.	Id.
Boites en bois rouge, laquinées, avec sculptures (petites ou moyennes)...	Id.	15	Id.	
Boites de coquillages......	Id.	5	Id.	
Boites à insectes, cadre en verre, contenant toutes				Id. Id

DÉSIGNATION DES MARCHANDISES.	UNITÉS.	PRIX.	DROITS par navires français.	DROITS par navires étrangers.
		f. c.		
sortes d'insectes.........	La boite		12 °/.	prohib.
Boîtes recouvertes d'un tissu de soie, contenant peintures, pinceaux, etc........	Id.	15	Id.	Id.
Boîtes jeux d'enfants, en carton ou bois peint, contenant petits instruments en cuivre, etc............	Id.	12 50	Id.	Id.
Boîtes à mouchoirs, en bois laqué, dessins de personnages et de fleurs en or....	Id.	15	Id.	Id.
Boîtes à thé en bois laqué, dessins, etc. — ordinaires.		10		
Boîtes à thé en bois laqué, dessins, etc. — à 2 compartiments, riches...	Id.	35	Id.	Id.
Boîtes à thé en bois laqué, dessins, etc. — à 4 compartiments.	Id.	50	Id.	Id.
Boîtes à ouvrage, en bois laqué, dessins en or sur or, garnis en ivoire ou en os.	Id.	60	Id.	Id.
Boîtes communes à ouvrage.	Id.	20	Id.	Id.
Boîtes à cigares, en bois laqué, dessins en or sur or, l'intérieur garni d'une boite en plomb............	Id.	6	Id.	Id.
Boîtes à jeu, en bois laqué, dessins en or sur or......	Id.	45	Id.	Id.
Boîtes à tabac à fumer, en cuivre, avec incrustations de nacre du Japon........	Id.	20	Id.	Id.
Boîtes à priser, en cuivre, avec incrustations de nacre du Japon...............	Id.	20	Id.	Id.
Boîtes à francs-maçons, cadres en bois avec incrustations de nacre du Japon..	Id.	60	Id.	Id.
Albums de 12 feuilles....		18	Id.	Id.
Albums de 24 feuilles....		30	Id.	Id.
Boîtes contenant 10 tasses en bois, bois laqué, servant de tasses à thé, avec incrustations de nacre du Japon..................	Id.	30	Id.	Id.
Bonnets de mandarins, toques en velours, garnis en soie, boutons de diverses couleurs.................	La pièce	5	Id.	Id.
Cabarets en laque rouge....	Id.	10	Id.	Id.
Cabinets pour enfants, petites armoires à tiroirs, en				

DÉSIGNATION DES MARCHANDISES.	UNITÉS.	PRIX.	DROITS par navires français.	DROITS par navires étrangers.
		f. c.		
bois laqué, avec dessins en or…	La pièce	40	12 %	prohib.
Cages à oiseaux en rotin très fin imitant le fil de fer….	Le jeu de 4	10	Id.	Id.
Chapelets noirs faits en noix de coco du Japon….	La pièce	10	Id.	Id.
Cahiers en ivoire, peints, représentant figures et costumes chinois….				Id. Id.
Casse-têtes, en bois de sandal, en os ou en ivoire…	Id.	5	Id.	
Cassettes incrustées de pierres de Nankin, représentant des personnages, etc….	Id.	125	Id.	Id.
Colliers en bois de sandal..	Le kilog.	20	Id.	Id.
Corbeilles à pain, en bois laqué, avec dessins en or…. laque noire.	Le jeu de 3	12	Id.	Id.
Corbeilles à pain, en bois laqué, avec dessins en or…. laque rouge.	Id.	25	Id.	Id.
Couverts chinois, composés du couteau, des 2 bâtons et de cure-dents en os ou en ivoire….	La pièce	2 50	Id.	Id.
Couteaux à beurre, en ivoire ou en nacre, manche sculpté….	Id.	7 50	Id.	Id.
Cuillers à thé, en bois laqué, avec incrustations en nacre du Japon….	Id.	1	Id.	Id.
Cuillers à moutarde, en nacre ou en ivoire….	Id.	2	Id.	Id.
Echiquiers en bois laqué, dessins en or sur or….	Id.	12 50	Id.	Id.
Ecrans en plumes coloriées et à manche d'ivoire….	Id.	6	Id.	Id.
Ecrans en tissus de soie, manche en ivoire sculpté.	Id.	10	Id.	Id.
Encre chinoise….	Les 6 bât.	5	Id.	Id.
Encriers en bois laqué, avec dessins en or….	La pièce	10	Id.	Id.
Enseignes en bois laqué, avec dessins en or….	Id.	200	Id.	Id.
Etuis en ivoire sculpté, représentant personnages. petits..	Id.	1	Id.	Id.
Etuis en ivoire sculpté, représentant personnages. grands.	Id.	5	Id.	Id.
Eventails de toutes sortes, avec dessins en or sur or. en os….	Id.	5	Id.	Id.
Eventails de toutes sortes, avec dessins en or sur or. en plumes.	Id.	8	Id.	Id.
Eventails de toutes sortes, avec dessins en or sur or. en laque..	Id.	12	Id.	Id.
Eventails de toutes sortes, avec dessins en or sur or. en sandal.	Id.	15	Id.	Id.
Eventails de toutes sortes, avec dessins en or sur or. en ivoire..	Id.	20	Id.	Id.

DÉSIGNATION DES MARCHANDISES.	UNITÉS.	PRIX.	DROITS par navires français.	par navires étrangers.
Feuilles de bétel peintes et représentant fleurs, oiseaux, personnages, etc.	La boîte	f. c. 6	12 %	prohib.
Feuilles de papier de riz peintes, représentant fleurs, oiseaux, personnages, etc.	Le c. de 12 f.	25	Id.	Id.
Fiches en ivoire et en nacre.	Le jeu	50	Id.	Id.
Fleurs en ivoire..........	La d. de pots	75	Id.	Id.
Jeux d'échecs en ivoire ou en os, simples, non montés sur boules..........	Le jeu	15	Id.	Id.
Jeux d'échecs en ivoire, montés sur boules en ivoire les unes dans les autres.	Id.	80	Id.	Id.
Jeux d'échecs en ivoire (1re grandeur), dits montres.	Id.	400	Id.	Id.
Jeux de fiches en nacre, avec dessins imprimés ou sculptés....................	Id.	25	Id.	Id.
Jeux de bagues en os ou en ivoire..................	Id.	3	Id.	Id.
Jeux diablotins en os ou en ivoire..................	Id.	3	Id.	Id.
Joss-tick, allumettes composées de sciure de bois et colle de fiente de vache ..	Le kilog.	2 50	Id.	Id.
Joss-tick à odeur sandal, allumettes composées de sciure de bois de sandal et colle de fiente de vache..	Id.	5	Id.	Id.
Instruments de musique (espèce de guitare)..........	La pièce	4	Id.	Id.
Espèce de fauteuils à tiroirs en bambou.............	Id.	30	Id.	Id.
Lanternes chinoises en tissu de soie extrêmement léger, peintures diverses........ carrées.	Id.	20	Id.	Id.
Lanternes chinoises en tissu de soie extrêmement léger, peintures diverses........ rondes.	Id.	5	Id.	Id.
Malles en carton, composition carton peint et verni imitant le cuir..........	Le jeu de 5	40	Id.	Id.
Malles de camphre, en bois de camphre, recouvertes en cuir, pour la conservation des habits et du linge.................	Id.	200	Id.	Id.
Malles de camphre, en bois de camphre, avec coins en cuivre, sans cuir........	Id.	150	Id.	Id.

DÉSIGNATION DES MARCHANDISES.	UNITÉS.	PRIX.	DROITS par navires français.	par navires étrangers.
		f. c.		
Mousse du Japon..........	Le kilog.	15	12 %.	prohib.
Paniers en écaille travaillée à jour................	La pièce	70	Id.	Id.
Paniers à linge, en petit rotin fondu en plusieurs parties..................	Le jeu de 3	30	Id.	Id.
Parapluies chinois en papier peint et huilé, manches bambou...............	La pièce	3	Id.	Id.
Paravents, bordure en laque, fond en papier....	Id.	60	Id.	Id.
Petits bateaux faits en noix de coco, et représentant les bateaux des Tancadaires.....................	Id	5	Id.	Id.
Peignes en écaille (grands et petits)...............	Id.	5	Id.	Id.
Petits magots en pierre tendre et propres à détacher la soie................	Id.	2	Id.	Id.
Petits animaux en plâtre peint..................	Les mille	50	Id.	Id.
Petits garde-manger, l'extérieur garni de paille du Japon.................	La pièce	25	Id.	Id.
Persiennes en rotin très fin, dessins de toutes sortes..		4	Id.	Id.
Peintures sur papier de riz.	La feuille	2 50	Id.	Id.
Petits plateaux pour bouteilles, en bois laqué, dessins en or..............	La pièce	2	Id.	Id.
Pipes chinoises, tuyaux en bambou et rotin, pipes composition étain, cuivre, etc....................	Id.	2	Id.	Id.
Plateaux pour plats, en rotin tissé très fin........	Le jeu de 4 ou 5	5	Id.	Id.
Plateaux pour plats, en bois laqué avec dessins en or sur or.................	Id.	60	Id.	Id.
Porte-cartes de visites en écaille imprimée et incrustée, intérieur garni en soie....................	La pièce	10	Id.	Id.
Porte-cartes de visites en ivoire sculpté...........	Id.	10	Id.	Id.
Porte-cartes de visites en nacre plaquée et incrustée.	Id	5	Id.	Id.
Porte-cartes en laque, avec dessins en or sur or......	Id		Id.	Id

DÉSIGNATION DES MARCHANDISES.	UNITÉS.	PRIX.	DROITS par navires français.	DROITS par navires étrangers.
Porte-montres en bois laqué et dessins or sur or......	Le jeu de 4 ou 5	8	12 %	prohib.
Porte-joss-tick, sorte de bateaux en bois laqué contenant allumettes, intérieur garni de plomb.........	Id.	3	Id.	Id.
Porte-éventails en carton, extérieur garni en soie brodée..................	Id.	2	Id.	Id.
Porte-tabac en carton, extérieur garni en soie brodée..................	Id.	5	Id.	Id.
Porte-cigares communs.	La pièce	3	Id.	Id.
Porte-cigares fins.......	Id.	10	Id.	Id.
Poupées représentant des petits Japonais..........	Id.	5	Id.	Id.
Pupitres en bois laqué, dessins en or sur or.. pour dames..	Id.	30	Id.	Id.
Pupitres en bois laqué, dessins en or sur or.. pour hommes.	Id.	50	Id.	Id.
Pupitres en bois de racine, garniture extérieure en cuivre................	Id.	60	Id.	Id.
Sacoches en ivoire, porte-flacons d'odeurs sculptés à jour....	Id.	20	Id.	Id.
Semainiers en ivoire, travaillés à jour et sculptés..	Id.	100	Id.	Id.
Semainiers en bois de sandal, avec incrustations riches..................	Id.	75	Id.	Id.
Semainiers en bois laqué avec incrustations riches.	Id.	12 50	Id.	Id.
Souliers chinois imitant les pieds des femmes chinoises, faits en plâtre et recouverts de soie.........	La paire	5	Id.	Id.
Tables en bambou........	Le jeu de 6	10	Id.	Id.
Tabatières en écaille, avec incrustations représentant personnages............	La pièce	30	Id.	Id.
Tables-guéridons en bois laqué, dessins or sur or. Les tables entrent les unes dans les autres.........	Le jeu de 4	50	Id.	Id.
Tables à échiquier, avec dessins or très riches, garnies de nacre, pour les jetons..	La pièce	225	Id.	Id.
Tables à thé, en bois laqué, dessins en or sur or......	Id.	60	Id.	Id.

DÉSIGNATION DES MARCHANDISES.		UNITÉS.	PRIX.	DROITS par navires français.	par navires étrangers.
			f. c.		
Tables à ouvrage, en bois laqué, dessins or sur or.....	1re qualité.	La pièce	175	12 %	prohib.
	2e idem..	Id.	100	Id.	Id.
Tableaux, intérieurs chinois, peintures sur toile représentant personnages, etc.....................		Id.	20	Id.	Id.
Tableaux, vues de Canton, Macao, Boca, Tigris, etc., peintures sur toile.......		Id.	20	Id.	Id.
Tableaux, paysages chinois.		Id.	20	Id.	Id.
Tableaux sur verre, encadrement en bois sculpté..		Id.	10	Id.	Id.
Tableaux en paille de couleur, cadres en bois laqué du Japon...............		Id.	125	Id.	Id.
Vide-poches en écaille ou ivoire, sculptés à jour....		La paire	30	Id.	Id.
Toiles et percales blanches et écrues....	Conjons Nos 14	La pièce de 31 à 33 mètres et au-dessous.	22	20 %	Id.
	16		22	Id.	Id.
	18 et 19		22	Id.	Id.
	23		30	Id.	Id.
	26		30	Id.	Id.
	30		40	Id.	Id.
	36		50	Id.	Id.
	Ecrues.....	La p. de 15 à 16 m.	7	Id.	Id.
Filature blanche et écrue..		Id.	6	Id.	Id.
Salem-poor..............		Id.	7	Id.	Id.
Percale bleue, dite *sandercana*....................		La p. de 8m et au-dessous.	4 50	Id.	Id.
Percale bleue ordinaire....				Id.	Id.
Toiles à carreaux..........		La p. de 15 à 16 m.	5	Id.	Id.
Mouchoirs dits *burgos*.....		La p. de 8 m.	2	Id.	Id.
Pantalons et chemises de toile grossière, servant au vêtement des travailleurs.		La pièce	1 50	Id.	Id.
Toiles à voiles, de coton...		Le mètre	0 70	Id.	Id.
Guinées ou toiles bleues	Filature.....	La p. de 15 à 16 m.	12 50	12 %	Id.
	Salem.......	Id.	8	Id.	Id.
	Oréarpoléon.	Id.	8	Id.	Id
	Conjons.....	Id.	10	Id.	Id.
Meubles..	Fauteuils à dossier renversé, de Pondichéry.	La pièce	20	10 %	Id.
	Fauteuils droits	Id.	15	Id.	Id.
	Chaises.......	Id.	6	Id.	Id.

DÉSIGNATION DES MARCHANDISES.	UNITÉS.	PRIX.	DROITS	
			par navires français.	par navires étrangers
		f. c.		
Tabourets................	La pièce	4	10 °/o	prohib.
Jouets d'enfants...........	Id.		Id.	Id.
Pantoufles de Pondichéry..	La paire	40	12 °/o	Id.
Peaux { de cabri de Pondichéry........	Les 100	75	6 °/o	
Peaux { de mouton de Pondichéry........	Id.	45	Id.	

Fait à Saint-Denis, le 28 mai 1862.

Les Membres de la Commission présents,

Signé : Brienne, directeur, Cartier, Gamin, Bertho, Husson et Leuillier.

Approuvé en séance du Conseil privé, le 12 juin 1862.

Pour le Gouverneur en tournée :

L'Ordonnateur,

DESMAZES.

Par le Gouverneur :

Le Directeur de l'Intérieur,

Ch. de Lagrange.

N° 1172.—NOMINATIONS, PROMOTIONS ET MUTATIONS.

Administration Militaire.

— Par arrêté du Gouverneur en date du 12 juin 1862, ont été nommés dans la milice de Saint-Paul :

Au grade de Capitaine :

MM. Grenier (J. B. Antoine);
Bosse (Chrisente-Antoine);
Bosse (Hubert);
Lacaze (Ferdinand);
De Sanglier (Alexandre).

Au grade de Lieutenant :

MM. Chammings (Frédéric);
Deveaux (Pierre-Nicolas);
Puren (Pierre-Léon-Henri);
Vergoz (Camille);
De Laprade (Jules).

Au grade de Sous-Lieutenant :

MM. Margeot (Hippolyte);
Théodore (Julien);
Lebreton (Philibert);
Lelièvre (François);
Benonic (Pierre-Napoléon dit d'Assonville).

— Par arrêté du Gouverneur du 24 juin 1862,
MM. Chevaux, capitaine d'infanterie;
Vailly, idem.
sont nommés juges au 1er Conseil de guerre, et M. Bellier, sergent d'infanterie de marine, est nommé greffier du même conseil.

Administration de la Marine.

— Par dépêche ministérielle du 5 mai 1862 (Colonies—Finances etc.), une prolongation de congé de convalescence de trois mois est accordée à M. Laugaudin, chirurgien principal de la Marine du cadre de la Réunion.

— Par dépêche ministérielle du 15 mai 1862, (Colonies—Finances), une prolongation de congé de convalescence de trois mois est accordée à M. Grélot, commis de la Marine du cadre de la Réunion.

— Par dépêche ministérielle du 16 mai 1862, (Colonies—Finances etc.), le congé de convalescence accordé à M. Bédier, sous-commissaire de la Marine du cadre de la Réunion, est approuvé pour trois mois.

— Par dépêche ministérielle du 24 mai 1862, (Colonies—Finances etc.), M. Bories (Adrien), pharmacien de 1re classe de la Marine, est destiné à continuer ses services à la Réunion, en remplacement de M. Hugoulin, officier de santé du même grade, rattaché au cadre métropolitain.

— Par décision du Gouverneur prise le 20 juin 1862, sur la proposition de l'Ordonnateur, le sieur Martel, ancien marin, est nommé surveillant de rade à Manapany, en remplacement du sieur Blanc, démissionnaire.

— Par ordre de service de l'Ordonnateur en date du 24 juin 1862, pris sur les propositions du Capitaine de Port et du Chef du service de la Marine à Saint-Paul, et approuvé par le Gouverneur, le sieur Vallon (François-Marcelin) est nommé syndic des pêcheurs à Saint-Paul en remplacement du sieur Bellon, révoqué.

— Par décision du Gouverneur prise le 25

juin 1862, sur la proposition de l'Ordonnateur, un congé de convalescence de trois mois à passer dans la Colonie, est accordé à M. Rolland, sous-commissaire de la Marine.

— Par ordre de service de l'Ordonnateur du 27 juin 1862, M. Dauvin (Léon), chirurgien de la Marine de 3e classe, est appelé à remplacer, dans le cadre de Sainte-Marie de Madagascar, M. Lartigue, officier de santé du même grade.

Administration de l'Intérieur.

— Par décision ministérielle en date du 26 avril 1862, M. Gontier, 1er commis de direction, est rattaché au service des douanes métropolitaines.

— Par dépêche ministérielle en date du 10 mai 1862, n° 195, M. Jéhan, vérificateur des douanes, a été autorisé à se rendre en France, en congé, pour affaires personnelles.

— Par dépêche ministérielle en date du 19 mai 1862, n° 217, M. Tétrel a été nommé vérificateur des douanes à Saint-Pierre.

— Par arrêté du Gouverneur en date du 6 juin 1862, M. Lafosse, commissaire de police municipale, est nommé membre titulaire de la Commission des morues, en remplacement de M. Dubourg, démissionnaire.

— Par décision du Gouverneur en date du 6 juin 1862, M. Roger Deplas a été commissionné provisoirement porteur de contraintes à Saint-Denis.

— Par arrêté du Gouverneur en date du 8 juin 1862, M. Eugène Dumesgnil fils est nommé expert de la Commission des mutations de la commune de Sainte-Suzanne, en remplacement de M. Garros, non acceptant.

— Par arrêté du Gouverneur en date du 12 juin 1862, M. Gibert des Molières a été nommé vice-président du Conseil général, en remplacement de M. Desprez, décédé.

— Par arrêté du Gouverneur en date du 13 juin 1862, M. Gonzague Dandrade fils est nommé expert de la Commission des mutations de la commune de Saint-Leu, en remplacement de M. Hibon, non acceptant.

— Par arrêté du Gouverneur en date du 13 juin 1862, M. Le Vaillant d'Hautecourt est nommé expert de la Commission des mutations de la commune de Saint-Leu, en remplacement de M. Loupy, non acceptant.

— Par arrêté du Gouverneur en date du 16 juin 1862, la démission offerte par M. Deshommes de son emploi de conducteur de 2e classe des Ponts et Chaussées, est acceptée.

— Par arrêté du Gouverneur en date du 23 juin 1862, M. Louis de Tourris, Maire de Sainte-Suzanne, de retour du congé de 6 mois qui lui a été accordé et pendant lequel il a été suppléé par M. Ducastaing, son premier adjoint, reprend ses fonctions à compter de ce jour.

— Par décision du Directeur de l'intérieur, en date du 25 juin 1862, les démissions offertes par MM. Nativel et Toyon, aspirants répétiteurs, sont acceptées, et MM. Sellier et Cabonel, maîtres adjoints, sont attachés au petit collége et seront payés sur le budget particulier du Lycée.

— Par arrêté du Gouverneur en date du 26 juin 1862, une commission composée ainsi qu'il suit:

MM. Potier, adjoint du Maire, président.
Le Chef du service maritime,

MM. Le Vérificateur des douanes,
Barquisseau, notable, (médecin),
Michel, pharmacien avec voix consultative,
Un Délégué du Contrôle colonial,

a été chargée de procéder à la vérification des morues introduites dans la Colonie par le port de Saint-Pierre.

— Par arrêté du Gouverneur en date du 30 juin 1862, M. Boullay, chef du service des contributions, a été appelé à prendre son service, à compter du 1er juillet 1862.

— Par arrêté du Gouverneur en date du 30 juin 1862, la démission offerte par M. Richard, président de l'Agence municipale du district de la Plaine des Palmistes, est acceptée.

— Par arrêté du Gouverneur en date du 30 juin 1862, le Conseil municipal du district de la Plaine des Palmistes a été reconstitué ainsi qu'il suit :

MM. Henri Pignolet, Président de l'Agence;
Godefroy, Adjoint;
H. de Guigné,
Biberon,
A. Merlo,
Maingard,
L. Dor,
} Membres.

— Par arrêté du Gouverneur en date du 30 juin 1862, M. Patu de Rosemont (Amédée), surnuméraire de la Direction des Contributions, a été nommé contrôleur-adjoint à la résidence de Saint-Benoit (3e division).

Administration de la Justice.

— Par arrêté du Gouverneur en date du 8 juin 1862, enregistré à la Cour Impériale le 11 du même mois, sont nommés :

Procureur impérial près le Tribunal de 1re instance de Saint-Pierre : M. Bert, substitut au même siége, en remplacement de M. Léo de Lanux ;

Juge au Tribunal de 1re instance de Saint-Denis : M. Léo de Lanux, Procureur impérial à Saint-Pierre, en remplacement de M. Bert ;

Juge au Tribunal de 1re instance de Saint-Pierre : M. Dugand, 2e substitut du Procureur impérial à Saint-Denis, en remplacement de M. Murat, admis sur sa demande à faire valoir ses droits à la retraite.

— Par arrêté du Gouverneur en date du 8 juin 1862, enregistré à la Cour impériale le 11 du même mois,

M. Murat (Jean-Théodore), ancien magistrat, est nommé provisoirement notaire à la résidence de Saint-Leu.

— Par arrêté du Gouverneur, en date du 12 juin 1862, enregistré le lendemain à la Cour Impériale, MM. Hoarau Lasource (Jean-Baptiste-Henry), propriétaire, De Guigné (Henry), licencié en droit et agent de change, tous deux domiciliés à Saint-Paul, et Vinson (Emile), pharmacien à Saint-Denis, ont été nommés assesseurs de l'arrondissement du Vent, en remplacement de MM. Bachelot, Dehcaulme (Victor) et Jaillet, partis pour la France.

— Par arrêté du Gouverneur en date du 12 juin 1862, enregistré à la Cour Impériale le 18 du même mois, M. Troussail fils (Antoine), propriétaire à Saint-Paul, a été nommé assesseur de l'arrondissement du Vent, en remplacement de M. Camille Deshayes, parti pour la France.

— Par arrêté du Gouverneur en date du 12 juin 1862, enregistré le lendemain à la Cour Impériale, M. Simon (Arnold), stagiaire, a été nommé avoué près les tribunaux de Saint-Denis, en remplacement du sieur du Trévou (Jean-Marie-Benjamin), décédé.

— Par arrêté du Gouverneur en date du 12 juin 1862, enregistré le lendemain à la Cour Impériale, le sieur Simon (Camille-Arnold), avoué à Saint-Denis, a été nommé avocat près le Conseil privé, en remplacement du sieur du Trévou (Jean-Marie-Benjamin), décédé.

— Par arrêté du Gouverneur en date du 13 juin 1862, enregistré le lendemain à la Cour Impériale, le sieur Moy de Lacroix (Ferdinand), commis-greffier près la Justice de Paix de Saint-Benoit, a été nommé provisoirement greffier de la même Justice de Paix, en remplacement de M. Sairon Messis, en congé.

CERTIFIÉ CONFORME :

Le Contrôleur colonial,

DESROBERT.

www.ingramcontent.com/pod-product-compliance
Ingram Content Group UK Ltd.
Pitfield, Milton Keynes, MK11 3LW, UK
UKHW020944180726
13838UKWH00003B/1109